発達障害の
ある子どもの
国語の指導

どの子もわかる授業づくりと「つまずき」への配慮

石塚謙二・名越斉子・川上康則・冢田三枝子 編

教育出版

はじめに
　　　――発達障害のある子どもの「つまずき」を考える――

　長い間，特別支援教育の教員や研究者，行政担当者として勤務してきた。このところ思うことは，特別支援教育では，一般的な指導方法では，障害等によって必ずどこかでつまずくといって過言ではない子どもたちに対して，無用な失敗はせずに，効果的に学習が進むようにしていくことが，とても重要ではないかということである。当たり前のことであろうが，なぜか，その思いが強い。
　一方，よく考えてみると，学習において，障害等があるなしにかかわらず，まったくつまずくことがない子どもは，この世にはいないのではないかとも思う。多くは，そのつまずきを自分の力で乗り越えていると信じたいが，つまずきへの最善策がそれらの子どもたちに講じられているのだろうか。もしかしたら，このつまずきに気づくセンシティブさがとても重要なことかもしれない。
　このたび本書を企画したのは，国語科の授業において，発達障害のある子どもたちが，学習につまずいている姿が数多く見られることから，なんとか一斉授業における対応を基本としながらも，一人ひとりの状態に応じた配慮のレベルを向上したいと考えたからである。
　障害等のある子どものつまずきへの対応は，今般批准された「障害者の権利に関する条約」に関係がある。この条約は，障害のある人々の尊厳，自律および自立，差別されないこと，社会参加等を一般原則として規定し，保障されるべき個々の人権および基本的自由について定めたうえで，これらを確保し促進するための措置を締約国がとることなどを求めている。教育に関しては，包容する教育制度(inclusive education system)と合理的配慮の提供（reasonable accommodation）が規定されている。
　包容する教育制度を構築していく際には，当然であるが，障害のある子も障害のない子も最大限，同じ場でともに学ぶことをめざす。そのためには，多様な子どもに応じた柔軟な仕組みが必要であろう。そのうえで，どの子どもも学習内容がわかり，学習活動に参加している実感や達成感を得ながら，充実した

時間をすごし，生きる力を身につけていけることを，最も重視したい。

　一方，包容する教育を指向する際には，発達障害等のある子どもたちも十分に包含せねばならない。

　中央教育審議会初等中等教育分科会に置かれた特別委員会は，「障害のある子供に対する支援については，法令に基づき又は財政措置により，国は全国規模で，都道府県は各都道府県内で，市町村は，市町村内で，教育環境の整備をそれぞれ行う。これらは，『合理的配慮』の基礎となる環境整備であり，それを『基礎的環境整備』と呼ぶこととしている。これらの環境整備は，その整備の状況により異なるところではあるが，これらを基に，設置者及び学校が，各学校において，障害のある子供に対し，その状況に応じて，『合理的配慮』を提供する」と報告している。

　障害等のある子どもたちの学習上のつまずきへの対応は，すべてとはいわないまでも，上記の「合理的配慮」に相当すると考えられる。平成28年度から施行される，「障害を理由とする差別の解消の推進に関する法律」では，この「合理的配慮」を講じないために障害のある人の権利利益が侵害される場合は，差別に当たるとされていることに留意が必要であり，その「合理的配慮」の基礎となる環境整備が重要である。この環境整備には，可能な限りどの子もわかる授業づくりに取り組むことが必要であり，そのうえで障害等のある子どもの個々のつまずきに適切に対応したい。

　本書には，実際の子どものつまずきへの工夫が数多く掲載されている。それらの工夫は多種多様であり，例えば，通級による指導等における個別対応に力を込めた事例，国語という教科の本質を踏まえた事例，発達課題を検査等で明らかにした事例などである。

　読者におかれては，それぞれの特徴を読み取っていただき，単独の事例を参考にされても，あるいはそれらを統合して活用されても成果が得られるものと期待している。

　　　2015年11月

　　　　　　　　　　　　　　　　　　　編者を代表して　石塚　謙二

目　次

はじめに　——発達障害のある子どもの「つまずき」を考える——

1章　国語科指導での子どもの「つまずき」を考える
1．発達障害と実際に起きる国語科指導における「つまずき」……… 2
(1) 子どもの視点から見た国語の授業のわかりにくさ　2
(2) 国語の授業で見られやすい「つまずき」　2
(3) 一斉指導で，個々の子どもに配慮していくために　4
2．発達障害およびその周辺の学習特性の理解 ………………………… 5
(1) 発達障害　5
(2) 全体的な知的発達が緩やかな子ども　7
(3) ギフテッドの子ども　8
(4) 不登校や日本語指導が必要な子ども　8
3．「つまずき」への基本的な対応 …………………………………………… 9
(1)「言葉」の獲得　9
(2) つまずきの要因を探る　9
(3) 優位な力の活用　10
(4) 補充指導　11
4．学校における効果的な指導に向けて
　（ケース会議，授業研究，個別の指導計画，校内委員会，総合的な対応など）…………… 13
(1) 特別な支援が必要な児童生徒のための校内支援体制　13
(2) 校内支援体制と個別の指導計画，個別の教育支援計画　14
(3) 校内研修，授業研究と特別な支援が必要な児童生徒　15

2章　子どものつまずきへの対応の実際
事例1　「〜ように」などの比喩的表現の理解につまずきが見られ，言葉からイメージする力に弱さが見られるA児への支援〈小学校6年〉……………… 18

事例2　文章から心情を理解する語句を見つけるのが難しいB児への支援〈小学校2年〉……………… 31

事例3　心情を表現する語句の本当の意味やその気持ちの理解が難しい
　　　　C児への支援〈小学校3年〉……………………………………………… 44

事例4　語句そのものの知識は高いが，文脈から適切な語句の意味を
　　　　理解することが難しい生徒Dへの支援〈中学校1年〉………………… 54

事例5　単語の元来の意味のみにとらわれ，慣用句が表す意味を
　　　　理解できない生徒Eへの支援〈中学校3年〉……………………………… 65

事例6　文章から心情を理解する語句を見つけるのが難しい
　　　　F児への支援〈小学校2年〉……………………………………………… 74

事例7　文脈から指示語の意味することを理解するのが難しい
　　　　G児への支援〈小学校3年〉……………………………………………… 85

事例8　物語文において擬人法を理解することが難しい
　　　　生徒Hへの支援〈中学校1年〉…………………………………………… 98

事例9　説明文での要旨や学習材の要約，要点をまとめることが難しい
　　　　I児への支援〈小学校3年〉……………………………………………… 108

事例10　漢字の読み書きが苦手で，学習が遅れがちになる
　　　　J児への支援〈小学校6年〉……………………………………………… 119

事例11　漢字の読み書きが苦手で，学習が遅れがちになる
　　　　K児への支援〈小学校4年〉……………………………………………… 129

事例12　文章構成の捉え方につまずきがあり，意味が理解しづらい
　　　　L児への支援〈小学校6年〉……………………………………………… 142

コラム

つまずきに気づく　　12
授業にユニバーサルデザイン（UD）の考え方を取り入れる　　16
教科教育と特別支援教育　　30
『どの子もわかる』をめざす　　43
ある日の授業　　64
中学校の授業風景から　　73
授業と学級経営　　84
「教科書で教える」を考える　　97
LD（学習障害）の判断と支援　　107
学習評価のブラッシュアップ　　141

1 章

国語科指導での子どもの「つまずき」を考える

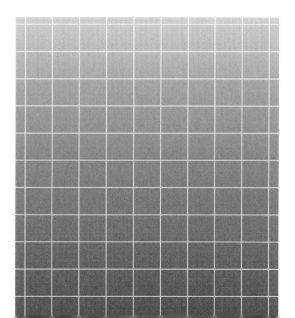

1. 発達障害と実際に起きる国語科指導における「つまずき」

(1) 子どもの視点から見た国語の授業のわかりにくさ

　長い文章を読むことや，中心人物の心情の変化を読み取ることにつまずきを抱える子どもは多い。大人でも，「作者の言いたいことを述べよ」や「主題を述べよ」といった発問に対して苦手意識を示す人が少なくない。国語の授業に子どもたちが期待しているのは，ロジック（論理）を学ぶことである。ロジックとは，物語文であれば「心情の変化の読み取り方」や「作品を豊かにする表現技法」などであり，説明文であれば「筆者の主張の読み取り方」などである。算数が問題の解き方を指導するように，国語も読み解き方を教える必要がある。ところが，国語の授業は，ロジック（論理）の指導を欠いたまま，「どう思うか」というフィーリング（感情）を話し合わせようとし，「わかる人？」と問いかけ，教師の望む答えを察することができる勘のよい子どもたちの発言を中心に授業が進められていくことも見受けられる。

　こうした展開には，発達障害がある子どもたちのみならず，その周辺の子どもたちも混乱する。場合によっては，そのような授業においては，姿勢が崩れ，集中が途切れやすくなる。聴覚情報中心に進められる話し合いの授業は，聞く力につまずきがある子の授業からの逸脱を助長してしまいがちである。まずは，子どもたちのつまずきをどう支援していくかということを考えていく前に，国語科の指導は，実は，指導すべきことが曖昧なまま進められてきたという省察（リフレクション）から始めなければならないと考える。

(2) 国語の授業で見られやすい「つまずき」

　国語の授業におけるつまずきは個々の子どもによって異なる姿を示す。した

がって「国語が苦手」といった漠然とした捉え方ではなく，どのような場面で具体的にどんなつまずきが表面化しやすいのかを整理しておく必要がある。

　表1は，国語の授業で見られやすいつまずきの特徴について，指導場面ごとに整理したものである。実際には，これ以外のつまずきが見られることもあるし，具体的な障害名がなくても支援を必要としている子どもは少なくない。また，はっきりと「わからない」「できない」と言える子どもばかりではなく，

表1　国語の授業で見られやすいつまずきの実際

主たるつまずきの要因と障害名	漢字	音読	物語文	説明文	作文
読み書き，推論のつまずき（学習障害＝LD）	整った文字を書けない。ノートをとれない。該当学年より2学年下程度の漢字レベルに留まる。	似た文字を混同する。文字とばし・行とばしが多い。	長い文章が苦手。内容理解までだどり着かないことがある。	長い文章が苦手。要点の整理が苦手。	特殊音節・文法のエラーが多い。書くことそのものを嫌がる。
相手の気持ちの理解のつまずき（自閉症スペクトラム障害）	形で覚えるため書き順が自己流になりやすい。	相手に合わせにくいため群読などでつまずく。	登場人物の心情や因果関係の理解が難しい。比喩やたとえなど，含みのある表現の理解が進みにくい。	興味・関心の幅が狭いため，内容によって取り組み方が変わる。	事実の列挙に留まりやすい。相手に伝わりやすい文章にならない。
不注意・衝動性，ワーキングメモリのつまずき（ADHD・LD）	とめ・はねができない。ケアレスミスが多い。	文末を読み替えるなどの勝手読みが多い。	断片的な理解に留まりやすい。集中が続きにくい。	新規性の高い刺激に興味をもちやすい。	内容をまとめることが苦手。面倒くさがる。
不器用・姿勢の崩れやすさ（発達性協調運動障害）	文字が乱雑。筆圧のコントロールが難しい。ノートテイクに時間がかかる。	姿勢が崩れやすい。集中が続きにくい。	長い文章が苦手。聞く場面で姿勢が崩れやすい。	長い文章が苦手。聞く場面で姿勢が崩れやすい。	長い作文はあまり書きたがらない。
全般的な学習理解の遅れ（境界域知能等）	複雑な文字の習得に時間がかかる。	努力が成果につながりにくいため，練習への意欲が低下しがちである。	断片的に理解できるが，全体像の把握が難しい。学年進行にしたがい，内容理解が難しくなる。		該当学年と比較して幼い文章表現が多い。

クラスには静かに困っている子どももいるということに留意する必要がある。

(3) 一斉指導で，個々の子どもに配慮していくために

通常の学級の一斉指導において，特定の子どもだけを個別的に支援するのは非常に難しい。そこで，発達障害がある子どものつまずきを踏まえた授業改善から取り組むとよい。なぜなら，発達障害がある子どもにとってわかりやすい授業は，クラス全体にとってもわかりやすい授業になるからである。

① 小刻みに「考える」場面をつくる

不規則発言や離席などの逸脱行動が多い場面を分析すると，教師が一方的に指示・説明をし，子どもに話を聞かせようとしていることが多い。話を聞かせる授業よりも，能動的な学習の場面を設定する方がよい。例えば「ペア学習で自分の考えを伝え合う」「隣の人の考えや発言を聞き，聞き手側が発表する」「答えがわかっている子には，ヒントを出す役割をお願いする」などのようにすれば，子どもたちが互いに考え，支え合う場面を設定することができる。

② 授業のねらいを具体的に示す

前述のとおり，国語の授業は教えたいことが曖昧になることがある。「○○について考えよう」のような曖昧なねらいでは，発達障害のある子どもは授業の見通しが立てられない。集中が途切れやすくなり，結果的に「○○について考えた」とまとめて終わってしまう。そこで，「中心人物の気持ちの変化は□□がきっかけである」などのように，何が授業のゴールとされているかを明確に示すようにする。教師にとっても，何を教えたいのか焦点を絞ることができる。

③ さりげない支援を心がける

個別に特化した支援を行う場合は，子どもの自尊感情を損なわないようにさりげなく行うようにする。例えば，机間指導を行う際，教師の立場からすればまず真っ先に学習困難度が高い子どもを支援したいという気持ちを抱くものだが，それがかえって恥をかかされたかのごとく感じる子どももいる。回る順番や，個別的に関わる時間の長さなどに注意を払うようにする。また，個別プリ

ントやヒントカードなどの支援教材を用意する場合も，特定の子どもだけに使用させるのではなく，他の子どもも自分の意志で選択できるようにする。

④ 発言の機会を賞賛の機会に

　全体の前で発言ができることは大きな自信につながる。発言が心配な子どもの場合は，発問にいきなり答えさせるよりも「自分だったらどう答えるか，隣の人に話しましょう」と全体に投げかけ，ペア学習で練習ができているのを確認しておく。こうすれば，発言の場面を「再現活動」にできる。発言の場を安心と賞賛の機会にするためには，こうした準備も大切になる。

(川上)

2．発達障害およびその周辺の学習特性の理解

　平成24年の文部科学省の報告によれば，通常の学級には，発達障害の可能性のある特別な教育的支援を必要とする児童生徒が6.5％在籍している。しかし，この数値に含まれていないが，何らかの支援を必要としている子どもたちが大勢いることを忘れてはならない。例えば，「著しい困難を示す」という基準を満たさないものの困難を抱えていたり，知的障害や不登校などを理由に調査対象とはなっていない子どもたちも通常の学級には在籍している。以下に，通常の学級で出会う特別な教育的ニーズのある子どもたちの学習特性を紹介する。

(1) 発達障害

① 学習障害（LD：Learning Disabilities）

　LDとは，全般的な知的能力に遅れはないにもかかわらず，学習に必要な基礎的な能力（聞く，話す，読む，書く，計算する，推論する）のうち，一つないし複数の能力を習得したり，発揮したりすることが難しいために，学習上の

様々な困難に直面している状態で、中枢神経系の機能不全によって起きると考えられている。

書くことの困難一つを取り上げても、漢字の形が不正確、漢字は書けるが平仮名の特殊音節を正しく書くことができないというように、LDは現れる領域や内容、その程度が実に多様である。

これらの学習困難の原因は、全般的な知的発達の遅れでも意欲の低さや努力不足でもなく、認知能力の部分的な弱さである。したがって、単なる反復練習では効果が上がらず、認知的な弱さを認知的な強さで補うという視点の指導が欠かせない。

例えば、視覚情報処理の弱さによって、不正確な文字を書くという症状が生じているならば、その子の強みである別の力（音韻処理や言語理解力など）を生かし、形を言語化して覚えるような学習方法を採用する必要がある。

また、書きというアウトプット力に弱さがあると、筆記テストに理解力が反映されない、豊かな発想を文章で表現できないなどの問題が二次的に生じる。正しくきれいに書くことは大事だが、口頭回答や音声入力ソフトを活用し、その子の理解力を正当に評価し、表現を保障することが教育の中で十分に検討されなければならない。

② 注意欠陥／多動性障害 (ADHD：Attention-Deficit/Hyperactivity-Disorders)

ADHDとは、注意力に問題があり、多動や衝動的な行動により、学校や家庭などにおいて、様々な困難を示す状態であり、幼い頃から特徴が現れ、中枢神経系の機能不全によるものだとされている。多動や衝動性が目立たないタイプもあるが、注意力の問題はほぼすべてのADHDのある人に見られる。

ただし、ADHDの子どもはいつも集中が悪いわけではなく、ひどく集中しないときもあれば、何も耳に入らないほど集中していることもある。このギャップの大きさは、「好きなことだけをやるわがままな子」「やる気がない」という誤解を生じさせるが、注意を「向ける」「持続させる」「切り替える」ことをうまくコントロールできないことこそが、ADHDの特徴である。

これらのことを理解し、注意のコントロールのどこに弱さがあり、どのよう

な支援を行うかがポイントとなる。例えば，掲示物や座席の工夫によって不要な刺激を減らし，重要な情報を強調すれば，子どもの注意は向きやすくなる。持続可能な量や長さの課題を与えれば，子どもは最後まで課題をやり遂げやすくなる。

また，課題の始めと終わりを明確に示せば，子どもは注意を切り替えやすくなる。そして，本人の努力や成果に的確なフィードバックがあれば，子どもの意欲と自己理解は高まり，自分で学習を工夫し，自分をコントロールする力も育つと考えられる。

③ 自閉症スペクトラム障害（ASD：Autistic Spectrum Disorder）

自閉症スペクトラム障害とは社会性やコミュニケーションに困難を示し，興味や関心が狭く特定のものにこだわることを特徴とし，学校や家庭などへの適応に困難がある状態である。幼少期に特徴が現れ，中枢神経系の機能不全によるものだと考えられる。

知的発達の遅れを伴わない自閉症スペクトラム（DSM-Ⅳ：高機能自閉症）のある子どもであっても，言葉の理解の幅が狭く，抽象的な事柄の理解が苦手であるため，指示や課題の意味を捉え違うことがよくある。また，周囲の様子に着目し，それを手がかりに理解することや，違った角度から物事を見ることが苦手なので，間違いを途中で修正することが難しく，自分のやり方にこだわってしまうことがある。こうした特性を踏まえ，明確でわかりやすい指示や見通しを与え，具体的に適切な行動を繰り返し教えることが大事である。また，感覚の過敏さが学校での生活や学習を難しくしていることもある。我々にとっては「普通」の音や匂いなどを耐えがたく感じる子どもがいることをまずはよく理解する必要がある。

(2) 全体的な知的発達が緩やかな子ども

知的障害とは，知的な能力と社会適応の力（学力，コミュニケーション，身体など）が，同年齢の子どもと比べて明らかに低い状態である。知的な能力がやや低いものの，明確な遅れはなく，LDのような認知の偏りも見られず，ゆ

っくりと学ぶ子どもは，スローラーナーとも呼ばれている。軽い知的障害やスローラーナーである子どもは，生活に即した指示や学習の理解は比較的スムーズで，身のまわりのことには問題がない。通常の学級に在籍する場合，学年が上がるとともに抽象的な学習が増え，学習や友達関係への適応が難しくなる。そのことへの自覚もあり，自信が低下しがちである。対応の基本は，本人の理解力やペースに合わせ，具体的な体験や事柄と関連づけ，具体的で簡潔な指示を出して教えることである。

(3) ギフテッドの子ども

知的な能力やそれ以外のある能力がきわめて優れているギフテッドの子どもは，学習進度が早いため，授業の中で知的好奇心を満たされる経験が少なく，意欲が低下しがちである。教員は扱いにくさを感じ，子どもも心理的な不適応状態に陥りやすい。習熟度別グループ編成や進度別の課題などによって高い力に対応するとともに，基礎的な課題の考え方を説明させるなど，他の子どもとの学び合いや活躍の場を設けることも重要である。ギフテッドの子どもはLDなどの発達障害を併せもつこともよくあるが，その子の中では明らかな弱さだとしても，まわりと比べて平均的であったり，その子なりの方略で補っていたりするため見すごされやすい。注意深く評価し，必要な対応を確実に行うことが大事である。

(4) 不登校や日本語指導が必要な子ども

不登校状態によって授業が受けられなければ学習が遅れるが，何らかの障害が不登校状態に関わっている場合には，学習困難が大きく，複雑になりやすい。また，近年，国際化の進展等による海外帰国者や日系人等の増加に伴い，日本語指導が必要な子どもが増えている。こうした子どもたちも，それぞれの学習困難の背景に配慮した指導が必要である。

(名越)

3.「つまずき」への基本的な対応

(1)「言葉」の獲得

　学習を進めるうえで,「言葉」は大変重要である。就学すると,系統だてられた文字学習が始まる。「書き言葉」は「話し言葉」の上に発達するものであるから,内言語を含めて就学までの間にどれだけの言葉を獲得してきているかによって学習の理解は大きく異なる。

　「話し言葉」の音韻を意識できているかどうかが,文字学習につながってくる。小さい頃に言葉を使った遊びをすることは,大変大事なことである。「しりとり」や「**あのつく言葉集め**」「**野菜の仲間集め**」など,何気ない遊びの中で,子どもたちは語彙を育ててきている。じゃんけんをして,グーで勝ったら「グ・リ・コ」と3歩進んだり,「てぶくろの反対はなんだ？」と言って逆さ言葉を楽しんだりしながら,自然に音韻を意識するようになってくる。このような言葉遊びを,低学年でも多く取り入れ,「話し言葉」を豊かにすることや,音韻操作がスムーズにできるようになることが必要である。そのうえで,音と文字の間の変換作業が始まる。文字の形を見分けることがスムーズな読みにつながる。拾い読みをしている段階では,読むことに精一杯であり内容まで踏み込むことは難しい。知らない言葉が多ければ,読みはさらに難しくなる。

(2) つまずきの要因を探る

　国語に苦手意識をもつ子どもたちの理由は,様々である。LDと明確に診断されるほどではないにしろ,その傾向を少なからず有している子どもたちがいる。内容理解の前に,まず読める,書けるということが求められていることから,「スムーズに読めない」から「読まない」,「うまく書けない」から「書か

ない」という負の循環に陥りがちで、国語だけでなく学習全般が好きになれない。その結果、自尊感情は育たず、不適切な言動が増加していくケースが多い。

　書字や読字が困難である要因として、視覚認知や視覚記憶のほかにも、協調運動や不注意などが考えられる。発達検査など一般化されたツールから子どもの認知特性を見取ることもあるが、まずは、担任の気づきである。この子は、なぜ国語の時間になると表情が暗くなるのだろう、なぜ発言はよくするのにノートにまとめられないのだろうなど、教師が疑問に思うことが大切である。疑問に思うことが、つまずきへの支援のスタートになる。

　以下に、学級の中で確かめられそうな方法を例示してみる。

① 音の聞き分け
- 教師の言った単語に合った絵を選ぶ。
- 教師の言った単語に合った文字を選ぶ。

② 音韻への意識
- 聞いた単語の音だけ、手を打つ。
- 同じ数の音からできている言葉を探す。

③ 音韻の操作
- 音を並び替えて言葉を作る。
- 音を足したり、引いたりして、新しい言葉を作る。
- 聞いた言葉の逆さ言葉が言える。

④ 聴覚的な記憶
- 聞き取った言葉を復唱したり、書いたりする。

⑤ 視覚的な記憶
- フラッシュカードを読んだり、書いたりする。
- 視写する。

(3) 優位な力の活用

　つまずきの要因となっている苦手さだけにアプローチしても、効果は上がらない。子どもの得意とする力を活用していくことが必要である。そして、その

方略を子ども自身が理解することが大事である。

例えば、書字。聴覚的な記憶の方がよければ、文字の形態を想起できるように音声言語化していく。視覚的な記憶の方がよければ、分解された文字を組み立てて完成させたり、工作など具体の操作を通して文字の形を再現させたりする。横移動の眼球運動の方がスムーズであれば、板書計画のまとめ部分について、あらかじめノートの横に置けるような手本を用意しておく。いずれの場合も、子どもの興味関心や定着している文字について把握しておくことも重要である。

例えば、読字において、スムーズな読みを促進するためには、振り仮名を振ることが必要なのか、スラッシュを入れることがよいのか、1行ごとにマーカーで色づけすることがわかりやすいのかなど、子どもと確認していくことが必要である。

(4) 補充指導

一人ひとりへの支援は重要である。支援の方法について、一斉学習の中で可能なことと個別に対応した方が有効なことを整理しておくことが必要である。補充的な学習ができる場としては、通級による指導や特別支援学級等の学習ルームへの取り出し指導、家庭学習の活用などが考えられる。

通級による指導では、週1回程度の指導日が固定されていることが多いため、在籍学級と同じ教材をタイムリーに活用することは難しいが、在籍学級との連携を密にすることで、予習的に学ぶこともできる。また、学びの方略について定着させることもできる。

家庭学習については、家庭の協力が得られない場合もあること、また、協力を得られたとしても、子どもや保護者の負担感が苦手意識を一層強めたり、親子関係を悪化させたりする危険性も考えておくべきである。

国語科指導を支えるものは、「言葉」である。しかし、「言葉」は国語の授業の中だけで学ぶものではない。子どもの生活全般を通し、言語環境を整えてい

くことが望まれる。教師の発する「言葉」は，最も大切な言語環境である。また，「言葉」は生き物である。「言葉」を輝かせ，生かすことができるのは学び手である。学び手が，「もっと学びたい」「知りたい」と思い続けられるエネルギーをどう引き出せるかが，対応の基本である。

（冢田）

コラム

つまずきに気づく

他の子どもたちと比べながら観察できる教室は，子どものつまずきを見つけやすい場所である。私は表に示したポイントに沿って観察している。例えば，掲示物の文字に誤りが多い子どもがいれば，板書を写す場面を捉え，言葉のまとまりで写せているか，写した文字は正しいか，写す速さはどうか，写すべき場所に滑らかに視線が動くか，鉛筆の持ち方や体の力の入れ具合はどうかをつぶさに観察する。そして，担任らと持ち寄った情報を整理し，つまずきの有無や特徴を確かめ，次に必要なアセスメントや当面の支援を検討するのである。

表　つまずきに気づくための観察のポイント

物の管理	文字	字の大きさやバランス，線の滑らかさ，形の正確さ，表記の正確さ，消し方
	作文	長さ，内容（テーマ，文法，展開，語いや表現），紙の扱い方（貼り方，折り方）
	絵，作品	テーマ，形のとり方，構成，作業の正確さやていねいさ，色彩
掲示物	身だしなみ	衣類や上履きや名札の状態，洋服の着方，上履きの履き方，髪型，名札のつけ方
	持ち物の管理	ロッカーや机の中の荷物の状態，机の上の物の状態，持ってくる物や提出物の管理
授業中の取り組み	姿勢・運動	姿勢の正しさや保ち方，身体の動きの多さ，道具（筆記具，楽器，はさみなど）の扱い方，体育での身のこなしや技術
	指示理解	指示への注目，指示の理解，わからないときの対処
	意欲	自発的な取り組みの程度
	集中	注意の向け方，持続の程度，切り換えのスムーズさ
対人関係	教員との関係	教員から対象児への働きかけの内容・タイミング・対象児の反応，対象児から教員への働きかけの内容・タイミング
	友達との関係	友達の言動に対する対象児の反応，対象児の言動に対する友達の反応，班やチームでのやりとりや協力

出典：特別支援教育士資格認定協会編（2012）名越斉子「B-4学力のアセスメント」『特別支援教育の理論と実践Ⅰ』金剛出版（一部改変）

（名越）

4．学校における効果的な指導に向けて
（ケース会議,授業研究,個別の指導計画,校内委員会,総合的な対応など）

　発達障害等のある児童生徒に対しては，基本的には，学級担任あるいは教科担任が授業等において効果的な支援を提供することが必要である。しかし，その支援の成果をより一層高めるためには，学校全体の理解や協働的な取り組み，組織的な対応が必要である。

(1) 特別な支援が必要な児童生徒のための校内支援体制

　学校には，校務の円滑な実施のために，進路指導委員会や学力向上委員会など，種々の委員会が設けられており，それらも，特別な支援を必要とする児童生徒にかかる課題に対応している場合もあるが，基本的には，「校内委員会」（特別な支援を必要とする児童生徒のための委員会）を中心に位置づける必要がある。同委員会は，発達障害等のある児童生徒の対応について検討・協議し，支援上の手立てを定めることが機能として求められる。同委員会は単独で設けられることもあるが，生徒指導委員会等と併せて設けられることもある。

　同委員会は，学校によっては，支援教育推進会議などと呼ばれることもあり，校長・教頭・学級担任・特別支援教育コーディネーター・特別支援学級担任・養護教諭などで構成されるが，スクールソーシャルワーカーや家庭教育支援員などが加わる場合もある。

　実際には，同委員会会議が月1回開催され，校内で特別な支援を必要とする児童生徒全員の状況について共通理解し対応策を検討している学校がある。また，同校では，通級による指導担当者と通常の学級担任との連携や保護者対応のほか，校内支援体制や巡回相談等の教育委員会からの支援などの調整役としても機能している。また，同校では，同委員会の機能の一つとして，ケース会議を位置づけており，学級担任・特別支援学級担任・特別支援教育コーディネ

ーターなどで開催し，個々の児童生徒やその学級の教育環境などについて，十分な検討を加え，具体的な支援方策を定めるようにしている。

同委員会の設置が提唱されてから，10年以上経ていることから，安定的な活動となっているが，「インクルーシブ教育システム」の一翼を担うという観点から，今後，ますます重要な存在となると考えられる。

(2) 校内支援体制と個別の指導計画，個別の教育支援計画

個別の指導計画とは，教育課程や授業計画などに基づいた個別化された指導のための計画であり，一授業ごとに計画されることもあれば，単元ごと，あるいは学期ごともある。教科等別に計画されることもあれば，それに加えて，生活面等の育ちを期待して計画されることもある。要するに，特別な支援が必要な児童生徒の状態像に応じて，最適な計画を作成することが肝要である。

この個別の指導計画は，基本的には，学級担任等が作成するが，先述の校内委員会において，その計画の妥当性等について検討することが望ましい。その際，指導目標が焦点化されているか，指導目標を達成させるための手立てが具体的であるか，評価の観点が明確であるかなどについて，論理的に協議を進めたい。

個別の教育支援計画とは，特別な支援が必要な児童生徒への効果的な支援の提供のために，教育機関を含み，福祉や医療，療育などの機関等が，対象児童生徒に対して，それらの機関が円滑に連携して取り組めるようにすることを目的とした計画である。この計画の作成には，教育機関の取り組みも盛り込まれるが，他機関との連携のための計画であることを踏まえると，保護者を抜きにしては作成できない。そのため，保護者も支援者として参画することが求められる。

この計画も，個別の指導計画と同様に，その原案は学級担任等が作成することになろうが，他機関との連携した支援の提供が目的であることから，校内委員会がこの計画を作成するとしても過言ではない。その意味では，この計画は，校内委員会として作成することを仕組みとして整えることが肝要となろう。

(3) 校内研修，授業研究と特別な支援が必要な児童生徒

　これからの校内研修や授業研究においては，特別な支援が必要な児童生徒に関する協議内容をより豊かにしていくことが求められよう。それは，特別な支援が必要な児童生徒に対しては，授業等における通常の配慮に加えて，「合理的配慮」が求められることもあるからである。

　「合理的配慮」とは，中教審答申によれば，障害のある児童生徒が，他の児童生徒と平等に教育を受ける権利を享有・行使することを確保するために，学校の設置者および学校が必要かつ適当な変更・調整を行うことであって，障害のある児童生徒に対して，その状況に応じ個別に必要とされるものとされており，体制面，財政面において，均衡を失したまたは過度の負担を課さないものとされている。この「合理的配慮」の否定は，障害を理由とする差別に含まれる場合があるとされている。

　「合理的配慮」の観点としては，同じく中教審答申では，例えば，情報・コミュニケーションおよび教材の配慮として，自閉症スペクトラム障害のある子どもに対して，「視覚を活用した情報を提供する。(写真や図面，模型，実物等の活用) また，細かな制作等に苦手さが目立つ場合が多いことから，扱いやすい道具を用意したり，補助具を効果的に利用したりする」などが示されている。

　こうした「合理的配慮」は，これまでも，どの学校でもなされてきたことも多く，それらを再確認する意味で校内において研修を進めることが肝要である。

　一方，この「合理的配慮」を提供するうえで，「基礎的環境整備」の充実を図っていく必要があることも，中教審答申で述べられており，その「基礎的環境整備」を進めるにあたっては，ユニバーサルデザインの考え方も考慮しつつ進めていくことが重要であるとしている。

　ユニバーサルデザインとは，文化・言語・国籍の違い，年齢や男女といった差異，障害や能力の如何を問わずに最大限利用することができる施設・製品・情報の設計のことであるが，近年の実践研究においては，この考え方を取り入れることは，特別な支援が必要な児童生徒以外にも有効であることが認められ

つつある。そのため，これからの授業研究においては，これまでの積み重ねにユニバーサルデザインの考え方を方法論として加え，どの子もわかる授業をめざすことが肝要である。その際，特別な支援が必要な児童生徒を可能な限り包含しつつ，授業研究は基本的に教科教育研究であることを忘れず，教科教育の質の向上をめざすことを重視した研究協議等を求めたい。

(石塚)

コラム

授業にユニバーサルデザイン(UD)の考え方を取り入れる

　高齢者や身体障害がある人が使いやすい階段の手すり，視覚障害の人でもシャンプーやリンスの区別ができるボトルの突起，幼児や握力の弱い人でも使いやすいはさみなど，「身体的な特性や障害にかかわりなく，より多くの人々がともに利用しやすい製品・施設・サービス」としてのユニバーサルデザイン（以下，「UD」とする）という考え方が，建築や製品開発の分野で進められてきた。

　このUDの考え方を授業に取り入れてみよう。「発達障害の有無や学力の優劣等にかかわらず，クラス内のより多くの子どもたちが"わかる""できる"と実感できる授業」をめざすという考え方にたどりつくはずだ。

　2009（平成21）年5月，桂聖（筑波大学附属小学校）と廣瀬由美子（当時・国立特別支援教育総合研究所，現・明星大学）が中心となり「授業のユニバーサルデザイン研究会」（現在は，代表・桂聖，副代表・石塚謙二）を発足させて以来，授業のUDは，理念レベルではなく実践レベルでの研究が本格化してきている。この研究会は，教科教育と特別支援教育のそれぞれの立場から，通常の学級の授業のあり方を追求する日本初のコラボレーション研究の場である。現在は，同研究会は，「日本授業UD学会」として再出発している。

　いくつかの調査を経て，どの学校にも特別な支援を必要とする子どもがいるということが知られるようになってきた今日において，授業のUDをめざすという方向性はますます重要になっていくであろうことは想像に難くない。

　UDという考え方で一つ注意したいのは，「万能薬」や「絶対的な方法」ではないということである。表面的な方法をなぞるだけでは，「みんなによい」という部分ばかりが強調されてしまい，「みんなによいものなのだから，発達障害がある子にとってもよいはずだ」といった落とし穴に陥る危険すらある。UDは基礎の環境となる土台づくりに有効であり，個別に特化した工夫や配慮（合理的配慮）と組み合わせながら授業を進めていくことが期待される。

(川上)

2 章

子どもの つまずきへの対応の 実際

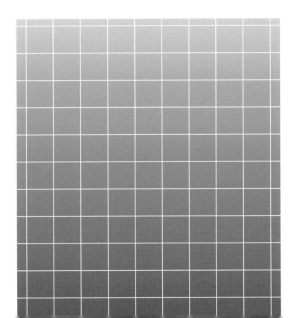

事例1

「〜ように」などの比喩的表現の理解につまずきが見られ，言葉からイメージする力に弱さが見られるA児への支援 （小学校6年）

(1) つまずきの概要

○ 文章を読むことへの苦手意識が強い。
○ 読み取るためのキーワードとなる言葉を，自分では見つけられない。
○ 文章や言葉からイメージを広げることが苦手である。
○ 集団の話し合いの場面や，発展的な学習の段階において，学習意欲の低減が見られる。

学習内容：「作品の世界を深く味わおう」（全10時間）
　　　　　教材：（物語文）『やまなし』，（資料）『イーハトーヴの夢』

内　　容：小さな谷川の底を写した，二枚の青い幻灯の世界。「かにの親子」の会話を軸に，様々な小動物や植物が登場する。「五月」は，穏やかな世界に，突如「かわせみ」が現れ魚の命を奪い，かにの親子に恐怖をもたらす。「十二月」には，「やまなし」が落ちてくることで，五月とは逆に，かにの親子に楽しみを与える。

教 材 観：かにの親子の会話，比喩表現や擬声語，擬態語，造語，色彩を表す表現など色鮮やかな情景が描かれている。
　　　　　『イーハトーヴの夢』からは，宮沢賢治の信念や生き方が表れている。それと合わせて読むことで，『やまなし』の作品の世界をより深く考えていくことができる。

授業の具体例（第4時）
　　　第1時　　学習への興味を喚起する・初発の感想
　　　第2時　　あらすじの把握（登場人物・比喩表現・色彩表現を見つける）
　　　第3時　　「五月」の場面の読み取り

第4時　　　「十二月」の場面の読み取り

第5時　　　「五月」と「十二月」の場面の比較

第6時　　　『イーハトーヴの夢』から賢治の生き方を考える

第7時　　　『やまなし』という題名について話し合う

第8・9時　他の作品と『やまなし』を比較しながら，宮沢賢治作品の特徴やおもしろさをまとめる

第10時　　宮沢賢治作品の特徴や魅力について話し合う

○A児のつまずき

❶文を読むことへの抵抗

❷語彙の理解　「幻灯」「ひるがえして」「居すくまって」「首をすくめて」「クラムボン」「かぷかぷ笑ったよ」「こわいところ」

❸表現の理解　「鋼のように」「水銀のように」「日光の黄金」「ラムネのびんの月光」「金剛石の粉」「遠眼鏡のような」「ぽかぽか」「もかもか」

❹自己の考えの形成

❺学習意欲の継続

(2) つまずきの要因

❶文を読むことへの抵抗

- 読めない漢字があり，音読がたどたどしい。
- 行を正しく目で追うことができず，読みとばしてしまう。
- 読書量が少なく，自分から読もうとしない。

❷語彙の理解

- 語彙の不足に加え，造語，独特の言葉の意味が理解できない。
- わからない言葉（「クラムボン」「かぷかぷ笑ったよ」など）にとらわれ，話の世界に入れない。

❸ 表現の理解
- 話の中に登場しているものなのか，比喩表現なのかが判別できない。(「ラムネのびん」「金剛石の粉」など)
- 言葉から色や様子をイメージできないため，場面の様子を思い浮かべることが難しい。
- 比喩の言い方に慣れていない。

❹ 自己の考えの形成
- 問われていることがわからず，考えをまとめられない。
- 自分の考えを表現すること，文章に書くことが苦手。

❺ 学習意欲の継続
- 集団での話し合いに参加することに消極的。自信がもてない。
- 発展的な学習の段階において，学習の見通しがもてず，意欲の低減が見られる。

(3) つまずきの要因に対する指導の工夫

❶ 文を読むことへの抵抗
- 新出漢字や，本児が読めない漢字には振り仮名を振り，正しく読めるようになった段階で振り仮名を消していく。
- 教科書を持つのでなく，机上に置き，文章に指を添わせながら音読する。
- 本教材に入る一週間ほど前から，音読練習を始めておく。
- 学級全体で声を揃えて音読する機会を多くもつことで，言葉のリズムに慣れさせ，読みとばしや読み誤りを改善していく。
- 宮沢賢治の童話の絵本を教室に準備し，気軽に手に取って読めるようにしておく。また，読み聞かせの機会を多くもつ。

❷ 語彙の理解
- 机の横に，いつも辞書を入れておく袋を準備し，わからない言葉があればすぐに辞書で調べるように習慣づけておく。
- 「クラムボン」は，賢治の造語であり，かにの世界の言葉であることを押

2章　子どものつまずきへの対応の実際

さえる。「クラムボン」が何を表すかは深く追究しないことを確認する。

❸表現の理解

- 写真や絵など視覚的に確認できるものを活用し，イメージをふくらませる手がかりとする。
- 教材文をワークシートに印刷したものを準備し，登場するものは線で囲む，比喩を表す言葉に赤線を引く，色を表す言葉に青線を引くなど，具体的な作業を通して言葉を見つけながら読む。
- 動作化，声に出しての読み比べ。
- 比喩表現を用いた文作りの練習「～は，まるで～のようだ。」

❹自己の考えの形成

- 「優しい」「穏やか」「暗い」「明るい」「激しい」「恐ろしい」などのイメージを表す言葉カードを準備し，考えに合うものを選ぶ。選んだ理由を自分の言葉で書く。
- 登場するもの，場面の様子をキーワードとともに絵にかき表す。

『やまなし』　めあて：作品の世界を深く味わおう。

時間	学習すること	宮沢賢治の作品を，できるだけたくさん読みましょう。	
1	☆宮沢賢治の作品の特徴を考えよう。 ☆「やまな」を深く味わおう。 ☆作品の特徴，おもしろさ 初めの感想を書こう。		セロ弾きのゴーシュ
2	「五月」の谷川の様子を読もう。 ☆かにの親子の様子 ☆たとえ，比喩，色を表す言葉		よだかの星
3	「十二月」の谷川の様子を読もう。 ☆自分の考えをワークシートにまとめよう。		グスコーブドリの伝記
4	「五月」と「十二月」を比較して，イメージを深めよう。 ☆様子や情景を表す言葉をさがして，イメージを深めよう。 「一人学びで読み取ろう」		銀河鉄道の夜
5	「五月」と「十二月」を対比して考えよう。 ☆読み取ったことをみんなに伝えよう。 ☆友達の考えと比べながら話し合おう。 みんなで話し合おう。		注文の多い料理店
6	宮沢賢治の生き方や考え方を考えよう。 「イーハトーヴの夢」を読み，「やまなし」をさらに深く味わおう。		春と修羅
7	「やまなし」を，もう一度考えよう。 自分の考えをまとめよう。		風の又三郎
8	ほかの作品を比べながら読み，宮沢賢治の作品のおもしろさについて考えよう。 みんなで話し合おう。		きた森将軍と三人兄弟の医者
ふり返り			雪わたり
			なめとこ山の熊

学習プラン

❺学習意欲の継続
- 前ページにある学習プランを提示し，学習内容と学習の順番を示しておく。
- ワークシートを工夫し，話し合いの前に自己の考えを書きまとめ，発表への自信を深める。
- 個別に関わる時間を確保する。

(4) 一斉指導における工夫

本単元のねらい「作品の世界を深く味わおう」を達成するために，①「『やまなし』を読み，作品の世界を楽しみながら想像をふくらませて読む」，②「『イーハトーヴの夢』を読み，作者の生き方や考え方を重ねて『やまなし』を読む」，③「賢治の他作品と比較しながら，作品の魅力や特徴を考える」という3段階の学習を設定した。

支援を必要とするA児に対して様々な手立てを工夫することにより，このような発展的な学習においても学習意欲を継続させること，読みの力をつけること，集団での学習で活躍する機会をもたせることをめざした。

〇単元を通しての指導の工夫

時間	学習活動	指導上の留意点 〇全体　※A児への支援
1	・学習計画の確認 ・範読を聞き，初発の感想を書く。	〇学習プランを提示し，学習内容や順番を確認する。 ※わからない漢字にルビを振っておく。 ※読んでいるところを指で追いながら，範読を聞く。 ※文を読み思ったことだけでなく，わからなかったことを感想に書く。 〇わからない言葉を辞書で調べる。
2	・あらすじと内容の把握 ・特徴的な表現を見つける。	〇教材文を印刷したワークシートを準備 〇登場するものを探し，□で囲む。全体で確認する。 ※読み誤っている内容を修正していく。

		○比喩を表す言葉に赤線を引く。 ※「〜のような」の文を，一緒に探す。 ○色を表す言葉に青線を引く。
3	・「五月」の谷川の様子を読む。	○かにの兄弟の会話を役割分担して音読し，どんな感じがするかを考える。 ○ワークシートを何種類か準備し，選べるようにする。 ○「かにの兄弟」「魚」「かわせみ」「あわ」など，場面の様子に合わせ絵や図を黒板に貼っていく。
4	・「十二月」の谷川の様子を読む。	◎本時案参照
5	・「五月」と「十二月」を比較する。	○「五月」「十二月」の違いを見つける。 ○二つの場面に題をつけ，その理由を考える。
6	・『イーハトーヴの夢』を読み，賢治の生き方や考え方を読み取る。	○年表にまとめ，賢治の行動を確認する。 ○「　　」の言葉を取り上げ，考える。 ※キーワードになる文章を一緒に探し，どんな人かを対話し，書きまとめる。
7	・なぜ『やまなし』という題名をつけたのか，考え話し合う。	○授業記録を掲示しておき，それをもとに考える。 ※ヒントの多いワークシートを提示し，自分の考えを事前に書けるようにする。
8 9	・宮沢賢治の他の作品と『やまなし』を比較しながら，賢治の作品の魅力や特徴をまとめる。	○図書館と連携し，賢治の絵本を学級に置いておく。また，事前に読み聞かせの機会を多くもつ。 ○比喩表現，色を表す言葉，動物，音，構成など，作品を比較する観点を提示し，選べるようにする。 ○発表カードに，考えをまとめ記入する。 ※比較する作品・比べる観点を提示するか一緒に選ぶ。また，場合によって取り出し指導，個別指導をする。
10	・宮沢賢治の作品の特徴や魅力について話し合う。	○少人数のグループでお互いの考えを話し合えるようにする。 ※発表カードを使って，事前に発表の練習をしておく。

○第4時 「十二月」の谷川の様子を読む。

	学習活動	指導上の留意点 ○全体 ※A児への支援
導入	学習のめあての確認 「十二月」の場面の音読	
展開	「十二月」の場面に登場するもの、色を表す言葉、比喩表現を確認する。	○第2時のワークシートを活用する。 ※「ラムネのびんの月光」 ラムネのびんの実物（写真）を見せ、どんなイメージがするか言語化させる。一つの言葉を重点的に考えることにより、他の言葉を考える手がかりとなる。 ○比喩表現がある場合とない場合を比較する。
	「やまなし」が落ちてきたときの様子について考える。	○「やまなし」が落ちてきたときの様子を表す部分に波線を引く。 ○「トブン」と「ドブン」「ドボン」「ポチャン」などの違いを声に出し考える。 ※友達の意見を聞き、自分と似た考えを見つけられるようにする。
	「かにの兄弟」の様子について考える。	○かにの兄弟の様子を役割読みする。 ※「首をすくめて」「遠眼鏡のような両方の目をあらんかぎりのばして」「おどるように」を動作化する。
	「十二月」の谷川の様子を想像したことを、話し合う。	※ワークシートをもとに、意見が言えるようにする。
まとめ	学習の振り返り	※話し合いを通し、最も心に残ったこと、わかったことを書く。

○活動を通して言葉を見つける

　「気持ちを考えてみよう」「様子を想像してみよう」と言われても、児童によっては、何をどう考えればよいのか、何をどう想像すればよいのかがわからない。文章を読むときには、一つ一つ順番に、具体的に指示をし、言葉を見つけることがまず必要である。個別にするだけでなく、見つけた言葉を隣の席の人と確認するなどグループワークも活用したい。

・登場するものを四角で囲んでみましょう。

・かにの親子がしたことに、線を引いてみましょう。

- 色を表す言葉を見つけて赤い線で囲みましょう。
- たとえの言葉（〜のような）に，波線を引きましょう。

○音読を効果的に取り入れる

　一時間の授業の中に，音読を効果的に取り入れたい。授業の始めに一斉に読む，授業の終わりに学んだことを生かし表現して読むことは，物語文を読む授業では通常に用いられている。それだけでなく，一部分だけを抜き出して読むことで，様子の違いや登場人物の気持ちを想像しやすくなる。文章を理解することと音読は深くつながっている。

- かにの兄弟の会話を役割読みしてみましょう。
- 「トブン」は，どんな感じの音か読んでみよう。
- 「トブン」と「ドブン」「ドボン」「ポチャン」を比べてみよう。
- 「かわせみだ。」 どんなふうに，かには言っているでしょう。
- その読み方をしたのはなぜですか。

○表現のおもしろさを考える

　動作化，比較などを通し，表現の効果やおもしろさを感じ取れるようにしたい。言葉を理解し，語彙を増やすことにもつながる。

- 「首をすくめて」かにの言葉を言ってみましょう。
- 「遠眼鏡のような両方の目」って，どんなの？　絵でかいてみよう。
- 「ぽかぽか」（「もかもか」，「ずうっと」）が，ある場合とない場合では，どんな感じがするか比べてみましょう。

○学習プラン

　学習プランにより，単元の流れを提示しておくことにより，見通しをもって学習に取り組むことができる。また，1時間1時間の授業の後に，自己評価をする（頑張ったときにはシールを貼るなどの工夫をする）ことも学習意欲の持続のために有効である。

○板書・授業記録

　1時間の授業の記録を模造紙にまとめ，教室掲示する。注目すべき言葉や，話し合いのポイントなどが一目でわかるため，場面を対比したり振り返って

個々の考えをまとめたりするときに大変有効である。作成には、少々時間がかかるが、板書に使ったカードを活用する、授業後板書を写真に撮るなどの工夫をすることで、作成のための手間を抑えることができる。

また、比喩表現は赤のカード、音は青のカード、かにの会話文は白いカードなど視覚的な決まりを作っておくことで、課題をもつ児童が文章をより理解するための手立てとなる。

○ワークシートの活用

ワークシートはファイルに綴じる、本にまとめるなど、本単元を学習中、いつでも自分の考えを振り返るために活用させたい。また、学習の記録が残ることで、学習に対する達成感を得ることができる。また、ワークシートは複数準備し、児童が自力で学習を進められるように、実態に応じて選べるようにさせたい。

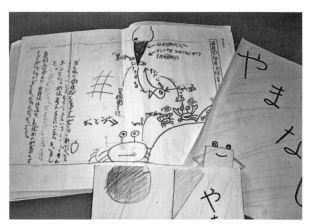

ワークシートを本に綴じる

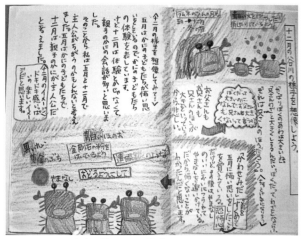

自力で進められる児童のワークシート

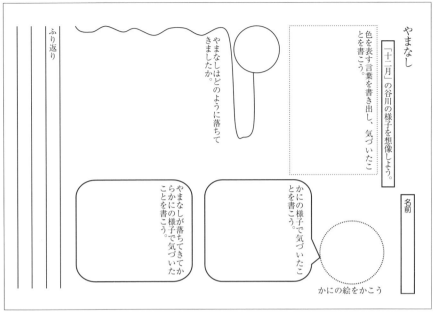

ワークシートの例

(5) 個別学習・家庭学習における工夫

　家庭学習では，継続した取り組みを日々積み重ねることにより，基礎的な力を伸ばし，本児に自信をつけていくことが最も大切である。なるべく，本児が自力でやり切ることのできるよう内容を工夫していきたい。

○音読

　文章がすらすら読めるようになるということは，最も喜びや達成感を味わうことができる。また，毎日文章を読むことで，文章を理解する力や言語感覚を養うことができる。音読に時間がかかる場合は，場面やページを区切り，短い部分を繰り返し読むようにさせたい。音読カードを作成し，自己評価や保護者・担任からのコメントを入れることで，本児への励ましにもなる。単元の学習に入る前から，その教材の音読を始めることも有効である。

○漢字練習

　漢字に対して苦手意識が大きい場合には，ノートのマス目を大きなものにして毎日の書く量を軽減し，枠いっぱいにゆっくりていねいに大きく書く方が覚えやすい児童もいる。漢字学習の際には，偏やつくり，文字の組み立てや成り立ちなどを紹介し，声に出しながら書くなどの工夫をしていきたい。

○文作り

　新しく出てきた言葉，表現中の特色のある言葉（比喩表現，倒置法），慣用句など，授業で学んだ言葉を，自分で書く文章に用いることで，理解が深まる。一日1～2文を継続して書く習慣をつけたい。「単文作り帳」に残すことにより，学習の成果が残り，自信にもつながる。また，学校生活の一日でおもしろかったことなどを「俳句」に書く，比喩表現を用いて詩を書くなど，言葉で自己を表現することを積み重ねることも重要である。

○読書，読み聞かせ

　本単元では，単元の終末段階で同じ作者の他の作品と比較しながら読むことを設定している。学校での読書の機会を多く設定するほかに，週末に読書をする，保護者の協力が得られる場合には絵本の読み聞かせをお願いするなど，家庭学習においても読書に親しむ機会を増やしていきたい。

(6) 評　価

　A児に対して様々な手立てを工夫することにより，単元全体を通し学習意欲を継続できたか，どのような読みの力をつけられたか，集団での活躍の場があり学習に対する満足感が得られたかを見ていくことが必要である。また，ワークシートを見返し学習内容を振り返ること，「○○できるようになったね。」と具体的に教師が示すことで本児自身が自己の学習成果や成長を自覚できるようにすることが最も大切である。

それぞれの学習段階における評価

① 「やまなし」を読み，作品の世界を楽しみながら想像をふくらませて読む。

- 事前に振っていた漢字の振り仮名を消すことができたか。
- 音読は上達したか（ＩＣレコーダーなどを活用し，成長が自分自身で確認できるとよい）。
- 登場人物，色，比喩表現を見つけられたか。
- ワークシートに場面の様子や想像したことを書くことができたか。
- 話し合いに参加することができたか。

② 「『イーハトーヴの夢』を読み，作者の生き方や考え方を重ねて『やまなし』を読む」
- ワークシートを活用し，賢治の生き方を年表にまとめられたか。
- 賢治の考え方が表れている部分を見つけられたか。

③ 「賢治の他作品を比較しながら，作品の魅力や特徴を考える」
- 比喩表現，色を表す言葉，動物，音，構成などから自分でテーマを選び，他の作品から似ている点を見つけることができたか。
- 見つけたことをワークシートに書き，まとめられたか。
- 発表への意欲をもち，グループの友達に紹介できたか。

(小川)

使用教科書：『こくご 六 創造』光村図書（平成25年版）

Point
- 子どもにとっては理解が難しい作品であるが，効果的な工夫により，作者の世界に迫ることができることがわかる。
- 文学作品を深く味わうことが学習のねらいとされることは多いが，「味わい方」を指導されていないことが多い。本実践ではメインの学習材である「やまなし」だけでなく，作者の生き方・考え方や，他の作品と比較させながら，味わい方に迫っているところが高く評価できる。
- 「クラムボン」など，わからない言葉にとらわれすぎてしまうというつまずきを予測し，追究しなくてよい言葉であることを指導している点も子どもの理解に裏づけられている。

(石塚・川上)

コラム

教科教育と特別支援教育

　平成19年4月,「学校教育法等の一部を改正する法律」の施行をうけ,小学校や中学校の通常の学級においても特別支援教育の推進が始まった。当初は,LD,ADHD,高機能自閉症等を中心とした発達障害がある児童・生徒に,どのような対応をしていくことが望ましいのかが中心的な課題であった。

　近年,特別支援教育の視点を加えた授業改善をめざす校内研究が活発化している。これは,発達障害がある子どもへの支援を追究していくことが,他のどの子どもたちにも「できた」という達成感と「わかる」という手応えをもたらすことにつながっていくのではないかという考え方に基づくものである。従来の授業研究の多くが,一斉指導における「教師の教えやすさ」の原理原則を明らかにしようとしてきたのに対し,特別支援教育の視点は「子どもの学びにくさ」を前提とした授業研究へと大きな転換をもたらしたといえる。

　その一方で,教科教育にはその教科固有の本質部分があり,学年の進行に伴い内容が系統だてられている。教科によっては,同種・類似の事項が学年を経て(より高いレベルで)繰り返し登場するよう,いわばらせん状に構成されているものもある。その学年で学ぶべき内容があらかじめ設定されていることを考えれば,ただ単に特別支援学級や特別支援学校で行われているような個別性の高い支援をそのまま導入すればよいという考え方であってはいけない。大切なのは,教科教育の枠組みを大切にしつつ,一人ひとりの子どもの学びを支える配慮や工夫を考えていくことである。

　教科教育と特別支援教育はそれぞれが独立したものではない。両者の融合は,まだまだ始まったばかりである。

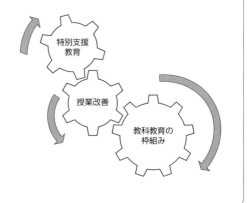

　　　　　　　　　　　　(川上)

2章 子どものつまずきへの対応の実際

事例2

文章から心情を理解する語句を見つけるのが難しいB児への支援

(小学校2年)

(1) つまずきの概要

○ 全般的に抽象的な語句の理解力が不足しており，物語を深く読み取ることが難しい。
○ 文章から心情を理解する語句を見つけるのが難しい。
○ 登場人物の気持ちを捉えようとする意欲に乏しく，表層的な読み取りしかできない。

学習内容：物語文『スーホの白い馬』（全12時間）

内　　容：モンゴルの草原に，スーホという貧しい羊飼いの少年が住んでいた。ある日，彼は生まれたばかりの白馬を抱きかかえて帰ってきた。スーホは，心を込めて白馬の世話をし，白馬は見とれるほどの馬に成長した。ある年の春，スーホと白馬はとのさまの催した競馬に参加しみごとに一等になったが，とのさまは約束を果たさず，そればかりかスーホから白馬を奪い取ってしまう。白馬は，とのさまが乗ろうとしたときに暴れてとのさまを振り落とすと，スーホのもとに帰ろうと走り出す。怒ったとのさまは家来たちに矢でスーホを打たせた。しかし，白馬は，たくさんの矢を浴びながらスーホのもとに帰り着くが，翌日に死んでしまう。スーホは，白馬が馬頭琴を作ることを告げる夢を見た。スーホは，悲しみと悔しさを抱えながら白馬の亡骸で馬頭琴を作り，村の人に弾いて聞かせるのだった。

教 材 観：馬頭琴という楽器が作られた経緯について学ぶことができる。スーホと白馬の心の結びつきをスーホと白馬の言動から捉えることができる。スーホの白馬に対する思いを心情や感情を表す語句を手がか

りに想像することができる。場面転換を表す語句に注目することで，内容を順序だてて理解することができる。

授業計画（12時間）
1　範読を聞いて，「すごいなあ」と思うところに線を引いて発表し合う。
2　場面分けをして，各場面に題をつける。
3　「読んだお話を紹介する」という見通しをもち，学習計画を立てる。
4〜9　スーホと白馬との心の結びつきを場面ごとに想像を広げながら読み，感想をもつ。
10　スーホの白い馬を家の人に紹介する計画を立てる。
　　相手意識…家の人　　目的意識…感想を取り入れてお話の紹介をする。
11　紹介の原稿を書く。
12　友達と交流し，助言し合いながら工夫する。
　　デジタル教科書の馬頭琴の演奏映像を見て，実際の音色を聞く。

授業の具体例：第3の場面　白馬がとのさまを振り落として帰ってきてから，翌日死んでしまう場面（9時間）
○本時目標：スーホの「悲しさと悔しさ」について考えることができる。
○本時の流れ
　①導　入：本時までの復習，本時のめあての確認
　②展　開：スーホのもとへ帰ってきた白馬の思いを白馬の様子から考えていく。
　③まとめ：スーホと白馬の心のつながりを感じ，スーホの「悔しさ」や「悲しさ」に気づく。

○B児のつまずき
❶音読への抵抗
❷語彙の理解　さかもり　家来　たづな
❸表現の理解　「弓をひきしぼり」「あせがたきのようにながれおちる」
　　　　　　　「歯をくいしばりながら」「弱りはてる」「目の光もきえて」

❹文章の組み立ての理解

「白馬は，おそろしいいきおいではねあがりました。」
「風のようにかけだしました。」
「おき上がろうともがきながら」
「大声でどなりちらしました。」
「弓でいころしてしまえ。」
「矢はうなりを立ててとびました。」

　経験の少なさから事象や事物の理解の弱さが見られる。しかし，ていねいに説明することにより，ある程度補うことができる。抽象的な語句や比喩などの表現は，実感することが難しいため，スーホの悲しさや悔しさの理解が浅くなる。

(2) つまずきの要因

❶音読への抵抗
- 単語のまとまりが把握できず，拾い読みをする。
- 既習漢字の定着が十分ではない。
- 行とばしがあり，視点が集中しにくい。

❷語句の理解
- 語彙が少なく意味も曖昧。
- 接続助詞や副詞の表す内容の理解が難しい。
- 具体物はイメージできるが，抽象的な語句は理解が難しい。
- 複合語や初めて出会う語句を想像して理解することが難しい。

❸表現の理解
- 比喩表現の理解が弱い。
- 人と人（物）との関係性の中で使われている語句の理解が難しい。
「スーホは，歯を食いしばりながら白馬にささっている矢をぬきました。」

❹文章の組み立ての理解
- 接続詞の意味が理解が難しい。

<u>それでも</u>，白馬は走りつづけました。⇒「白馬のせには，つぎつぎと矢がささりました。」を受けた表現だが，矢がささってまでも走る白馬の気持ちが十分に理解できない。
・文頭の語句で時間の経過を理解することが難しい。─どのくらいの距離を白馬が走ってきたのか。

(3) つまずきの要因に対する指導の工夫

❶音読への抵抗

- 読みを意識して2〜3文節ごとぐらいに鉛筆でスラッシュを入れる。
- 漢字には事前に振り仮名を振る。
- スリットペーパーを作成して，2〜3行だけ見えるようにする。
- 各ページの1行目，5行目，10行目の行頭に，それぞれ①⑤⑩の数字を記入する。

❷語句の理解

- 写真や絵，地図，映像など視覚的に確認できるものを活用する。
　　たづな　　さかもり
- 複合語は，語句を分解して理解を促す。
　　はねあがる⇒はねる＋あがる（動作＋動作）
　　どなりちらす⇒どなる＋ちらす（動作＋程度）

❸表現の理解

- 直喩は例文や資料を用いて説明する
　「白馬は…<u>風のように</u>かけだしました。」
　　（正）新幹線は風のように走る。
　　（誤）カメは風のように走る。
　走っている馬の挿絵から，たてがみや尻尾の状態を確認させる。
　「汗が<u>たきのように</u>流れおちる。」⇒滝の写真を提示して確認。水が激しく流れおちる様子を理解できるようにする。
- 場面を示し，立ち位置や状況などを視覚的に捉えられるようにする

2章 子どものつまずきへの対応の実際

❹ 文章の組み立ての理解

- 「やさしい」「おだやか」「くらい」「あかるい」「はげしい」「おそろしい」などのイメージを表す言葉カードを準備し，考えに即したものを選ぶ。
- 登場人物や場面の様子をキーワードとともに絵にかき表す。

❺ 学習意欲の継続

- 例文に示して，内容の理解を促す。

  のに⇒「し合にまけてとってもくやしかった。<u>それでも</u>，あい手チームとあく手した。」

(4) 一斉指導における工夫

　支援を必要とするB児への配慮は，授業計画の最初の2時間で集中的に行っており，他の児童にとっても内容理解を促している。本時では，前半は挿絵を手がかりに場面の展開を追っていくことで，比較的短い時間で進められ，「めあて」の達成が可能になる。

	学習活動	指導上の留意点 ○全体　※B児への支援 ☆視覚的な手がかり
導入	○学習のめあての確認 ○3場面の音読 　・ペアで交互読み 　・一人音読	○前時の振り返りをする。 ※ページと行頭の数字を手がかりに音読個所を探せるようにする。 ☆スリットペーパーを使うように声をかける。
展開	「スーホのもとへ帰ってきた白馬の矢を，スーホはどんな気持ちでぬいたのだろう。」 ○ワークシートを配布する。 ○とのさまのもとを逃げだした白馬の気持ち，白馬の矢を抜くスーホの気持ちをワークシートに記入する。 〈白馬〉 　・スーホのところに帰りたい。 　・あんなとのさまのところなんていやだ。 〈スーホ〉 　・かわいそうに，痛いだろうに。 　・白馬を助けてあげたい。	○☆吹き出しがついた，矢がささっても逃げる白馬の挿絵①と白馬の矢を抜くスーホの挿絵②のワークシートを用意する。 ○黒板の右に白馬の挿絵，左側にスーホの挿絵を貼って，白馬がスーホのもとへ走り帰る距離感を出す。 ○白馬の気持ちの根拠となる個所にサイドラインを引くように支援する。 ○スーホの気持ちの根拠となる個所に波

35

	・とのさまは，ゆるせない。 ・よく帰ってきてくれたね。 ○白馬の気持ちとスーホの気持ちを出し合う。 ・その根拠となる言葉を教科書から紹介し合う。 ○スーホになったつもりで，白馬の矢を抜いてみよう。（動作化） ○白馬はどんな様子でしたか。 　・きず口から血が噴き出る。 　・弱りはてていた。 　・息はだんだんほそくなり 　・目の光も消えた。 　・次の日に死んでしまった。	線のサイドラインを引くように支援する。 ○矢が何本もつきささって，白馬が横たわっている（挿絵）様子を参考にさせる。 ○鉛筆を矢に見立てて，矢を抜く動作をする。歯を食いしばり，力を入れながらもゆっくりと矢を抜くように伝える。 ※友達の様子をよく見るように伝えてから，動作を促す。
まとめ	○スーホは何が悲しくて，何が悔しかったのだろう。 　・大事な白馬が死んでしまったこと。 　・白馬がかわいそうだった。 　・とのさまが憎かった。 ○板書をもとに振り返りをする。	○悔しさの意味を解説する。既習部分を含めてスーホの「悔しさ」を挙げさせる。 ○板書に貼った挿絵を中心にスーホと白馬の心の交流を視覚的に整理する。

【板書計画の一部】

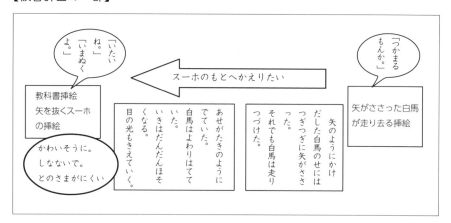

【ワークシートの例】

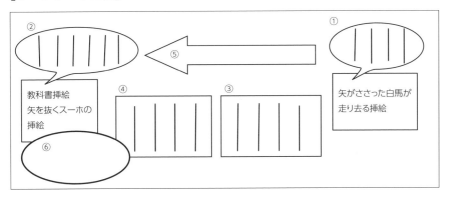

○スーホと白馬の距離を板書で示す

　板書では，ワークシートと同じように黒板の右には矢がささった白馬が逃げていく挿絵を，左には矢がささって横たわり，スーホが迎え入れる挿絵を貼ることで，両者の距離を感じ取れるようにする。

　「白馬のせにはつぎつぎに矢がささりました。それでも，白馬は走りつづけました。」の場面を想像できるようにする。ワークシートの吹き出しに白馬の気持ちを書いてから，発表するようにする。その根拠になった表現を教科書から探し，板書でまとめていく。

　（効果）　矢がささった白馬がどんな思いで，どのくらいの距離を走ってきたかを想像し，スーホのもとに帰りたい強い気持ちを太い矢印の中に書き込み，感じ方を強める。

○文章を書きだす

　ワークシートに番号と吹き出しに縦線を引き，板書を写す場所を指定する。

　（効果）　番号と線があることで，記入する場所がわかりやすい。

○デジタル教科書の挿絵を活用する

　挿絵を拡大して，テレビに映し出すことで「それでも白馬は走りつづける」迫力を感じられるようにする。

　（効果）　低学年段階では挿絵をフルに活用したい。一斉に矢を放つ家来たちの様子も伝えられる。

○動作化する

　スーホが矢を抜く場面を動作化する。「スーホは歯を食いしばりながら,矢をぬきました。」スーホが白馬を思う気持ちが,行動として現れた場面である。傷ついて立つこともできない動物などは恐らく見たこともない児童である。まして,その動物の身体にささった矢を抜くことなどは想像もできないかもしれない。しかし,スーホのもとに必死で帰ってきた白馬の矢を抜くことはつらいけれど,スーホはやらなければいけないことである。

（効果）　白馬の身体をいたわりながら,身体に深くささった矢を抜く動作をスーホと白馬の気持ちに立って表現することは,この物語で重要な場面である。できれば,床の上で,膝をつき,片手を白馬の身体に添え,片手で矢をしっかり握りしめ,歯を食いしばって矢を抜いてほしい。

・白馬のからだは,汗でぬれている？
・白馬の呼吸は苦しそう？
・白馬の身体はあたたかい？

矢を抜いている児童に問いかけ,白馬の様子を問い,少しでも想像できるようにする。

○「スーホの悲しさと悔しさ」を教科書から探す

　「悔しい」の言葉を確認する。（取り返しのつかないことで,残念。後悔される。自分の無力を思い知らされたりして,腹立たしい。）

　悲しさと,悔しさをはっきり区別することは難しい。二つの気持ちや感情が現れている表現を探し出せればいい。また,とのさまに対する感情は必ずしも文章としてあえて表現されていないが,「いじわるな」「自分勝手な」「嘘をついた」などの発言があったら大事にしたい。

既習部分からも白馬に対する思いを振り返る。

「ぼくは,おまえといっしょだよ。」⇒「馬をとられた悲しみ…。」
「馬を売りに来たのではありません。」「歯を食いしばって,矢をぬいた。」
「ぼくの白馬,死なないでおくれ。」

「ワークシート」に記入する
○複数のワークシートの準備

児童の実態に合ったものを提示する。ワークシートには，書き入れる順番の番号を振っておく。

(5) 個別指導・家庭学習における工夫

○本児の実態の理解については，年度当初に保護者と話し合っており，配慮すべき点などは確認済みである。しかし，学習内容が進んでいく中で，改めて指導内容を理解するうえでの配慮点を伝え，連携していくことは大切である。
○本児には弟が一人おり，家では犬を飼っている。保護者には「心情を表す言葉」を意識的に使ってもらい，弟や犬への気持ちを実感できるように協力依頼した。その語句は，「心配する」「悲しい」「悔しい」「優しい」などである。
○既習『おてがみ』のがまくんの「悲しい」気持ちや，「わたしはおねえさん」の「やさしいおねえさん」の内容などを思い出せるようにする。
また，1年生のときの「ずっとずうっとだいすきだよ。」の文中，「エルフはとしをとって，ねていることが多くなり，さんぽをいやがるようになった。ぼくはとてもしんぱいした。」の場面を想起できるようにする。
○個別指導の例

語彙を増やすために

①気持ちや感情を表す言葉を集めよう。⇒短文を作ろう。
- きのう，友達とゲームをして遊んで楽しかった。
- 水泳の競争で弟に負けて悔しかった。
- ポチ（犬）が食事をしないで，寝てばかりいるので，心配だった。

②料理を食べた後の感想を言う言葉を集めよう。
③食感（触感）や食味を表す言葉を使って食べ物当てのクイズを作る。

例・冷たくてトロっとして甘い食べ物，なあんだ。
- ちょっとしょっぱいけど，シコシコしていて，つるつるって食べるもの，なあんだ。

○家庭学習の工夫

　抽象的な語彙や感情を表す表現が不足している児童であるが，男子であるためにやや生意気な言葉遣いでも，日常生活では，大きな支障や違和感はさほど感じられない。しかし，学年が進むにしたがい，語彙の少なさは自己表現の稚拙さや他人への配慮や思いやりが不足しているといった印象を与える。家庭での協力を得て，感情豊かな語彙の獲得が必要である。

①擬音語や擬態語を使用する。

　雨の音や風の音，波の音などをシトシト，ポトポト，ザーザー，ヒューヒューなど，強い音や弱い音，静かな音などがあることの理解を促す。

　ふらふら，ニコニコ，ゆったり，ザラザラなど視覚や触覚からの感覚印象を言葉で表す語句があることを理解できるようにする。

　擬音語や擬態語を使用することにより，表現にふくらみが出て，聞く人にソフトな印象を与える。

　日常生活の場面で，保護者が意識的に使用することにより，児童の語彙も広がってくる。

②絵本の読み聞かせをする。

　児童自ら読書する習慣ができていないので，教科書の巻末の「この本を読もう」から児童の興味ある本を選んで，家庭で読み聞かせをするように依頼する。身近な動物や知っている動物などを主人公にした短い物語を読んで，何気なく感想を聞くことを継続する。それにより，物語の展開を理解し，登場する動物に寄り添う力がはぐくまれる。興味が出てきたら，児童が本を読み，保護者が聞き役にまわるなどして，感想を言い合う関係ができるようにしたい。

(6) 評　価

　単元の目標は「自分の感想を中心に，あらすじを入れて物語を紹介する」ことである。そして，本時は物語のクライマックスが展開する場面の学習である。

　評価のポイントは，とのさまを振り落として，家来の射る矢を浴びながら，

必死でスーホのもとに走り帰ってきた白馬の様子と,「死なないでくれ」と願いながら傷ついた白馬の身体から歯を食いしばりながら,矢を抜くスーホの動作と気持ちを読み取り,より切実に感じることである。
○指導の工夫をする中での具体的な評価には
  ・発問に該当する箇所にサイドラインを引くことができる。
  ・視覚的な手がかり(写真)からイメージすることができる。
  ・友達の動作をよく見て,その動作のポイントが理解できる。
  ・文章表現から,その様子を動作化することができる。
  ・板書や教科書の挿絵を参考にワークシートに記入することができる。前時までの指導内容が,本児の理解度を大きく支えている部分がある。
  　受身での授業態度ではなく,授業内容に集中できる手立てが必要である。本児の授業に臨む姿勢が積極的であったか,本児への支援が必要であったかの評価につながるのである。
○音読について
  　音読については,スリットペーパーを使って行を追うことができたかがポイントの一つである。前時までに,授業の中での様子を細かく観察する。挿絵が入っているページでは,文章が短くなり,スリットペーパーの移動が早くなる。その分,文意を読み取ることが難しくなる。慣れるにしたがってスリットペーパーの幅を広げるなどの工夫が必要である。
  ・スリットペーパーをスムーズに移動できたか。
  ・事前に振ってあった振り仮名を消すことができたか,など。
○一斉指導
  ・発問に該当する部分にサイドラインを引いたり,発表することができたか。
  ・前時までの学習内容を思い起こすために,ノートを活用できたか。
  ・表現内容の理解にとどまらず,より深く人物の気持ち・心情を理解することができたか。
  　本時では,読み進めるのではなく,立ち止まってじっくり考え,感じられる授業展開をする必要がある。児童の表現は稚拙でも,心で感じられる児童

を把握して，評価していきたいものである。

○個別指導

　語彙数を増やすために，気持ち・心情を表す語句や擬音語・擬態語などに意識的に接する機会を増やしていくことは大事である。また，読書習慣をつけて集中力や観察力，同時に語彙力を増やす継続した学習環境を作るには，保護者の協力は必須である。

　本児が個別の配慮によって，一斉指導の中でも生き生きと学習できるようになることは，保護者と教師の願いでもあり，長いスパンで成長を見守りたい。
　　　　　　　　　　　　　　　　　　　　　　　　　　　　　　（仁科）

使用教科書：『こくご 二下 赤とんぼ』光村図書（平成25年版）

Point
- 文学作品を読み進めていくときに感情を表す語彙の理解は欠かせない。特に「くやしい」「さびしい」「もどかしい」「情けない」などのマイナスな感情表現はなかなか身につきにくい。本実践は，家庭との協力によって，長期的な視点に立ちながら感情を表す語彙や，様子を表す擬音語，擬態語の理解を進めてきた点が高く評価できる。
- 動作化の工夫や家庭学習における配慮もていねいであり，心情の理解をより一層促しているものと考えられる。

　　　　　　　　　　　　　　　　　　　　　　　　　　　（石塚・川上）

2章 子どものつまずきへの対応の実際

コラム

『どの子もわかる』をめざす

　ほとんどの学校では学力向上をめざし，何らかの授業研究を行っているだろう。ところが，残念なことに，協議内容が教員の指示の出し方，板書の内容など，教員のパフォーマンスを評価することにとどまっていることがあり，また，その場限りに終わっている場合も多い。

　教育委員会の担当者として，各小中学校の授業研究に伺うことが多くあるが，成果が見られる学校には共通する特徴がある。

　一言でいえば，研究を子どもの姿で語ろうとしていることである。そういう授業研究では，一単位時間の授業で子どもに身につけてほしい力が明確であり，具体的なゴールの姿が見えている。例えば「根拠を明確にして書く」力をつけるために文章を書くという課題では，教材文中のある箇所を根拠に自分の考えをこのように書ければよいという子どもの姿が学習指導案に明記されている。授業後の研究協議では，そのように書いていくために工夫された指導のどの時点で子どもがつまずいたか，どこでつまらなそうにしていたかなど，ポイントを定めて協議を進めることができる。さらに，子どもが目標を達成できたかを子どもが書いたノートやワークシートなどの記述や発言から判断し，改善の方策を探っている。そういう授業研究が学年や教科を超えて，学校全体の組織的な取り組みとして共通理解されている。

　より進んだ学校は，各学級の気になる子どものアセスメントを行ったうえで，指導方法を工夫しようとしている。ある学校では協働的な学びを実現しようと，グループ活動を積極的に取り入れることを決めたものの，どの学級も同じようにはいかないことを教員が肌で感じていた。そこで座席，班の編成，ペアやグループ学習の使い分けなど，アセスメントの結果を踏まえた対応策を研究し，教員全員が同じベクトルで進めるようにしているのである。

　このように「どの子もわかる」授業は，「どの教員もわかる」授業研究から生まれる。組織として志を同じくし，計画的，日常的に進めていく学校が増えていくことを願って，教育委員会の支援を進めていくことが重要だと考えている。

（増田）

事例 3

心情を表現する語句の本当の意味やその気持ちの理解が難しいC児への支援
(小学校3年)

(1) つまずきの概要

○語彙数が乏しく、文章を読み取ることが難しい。
○文章からイメージを広げることができない。
○登場人物の気持ちの読み取りが難しい。

学習内容：物語文『おにたのぼうし』(全8時間)

内　　容：おにたは気のいい鬼である。とにかく世話好きでまこと君や家族のためによいことをするが、理解をしてもらえない。節分の夜、まこと君の家を出たおにたは、女の子と病気の母親のいる家を見つける。母親に心配をかけまいと空腹をかくすためにうそをつく女の子の様子に心を打たれ、おにたは女の子のためにごちそうを届ける。しかし、ここでもおにたは理解されない。優しさと悲しさが交差する物語である。

教 材 観：困っている人を放っておくことのできないおにた、病気のお母さんのために一生懸命に尽くそうとする女の子、病気でありながらもわが子を気遣う母親の様子から、人の心のあたたかさや優しさを学ぶことができる。

　　　　　登場人物の会話や心情の描写が多い。また、地の文からも登場人物の心情を読み取ることができるので、想像力をふくらませながら読むことができる。

　　　　　場面展開や文章表現がシンプルであるため、読み進めやすい。
3年生の児童にとって、登場人物であるおにたや女の子に共感しやすい物語である。

授業の具体例：第2の場面（第3時）
　○本時の目標　まこと君の家を出たおにたの気持ちを読み取る
　○本時の流れ
　　①導　入：前時までの学習の振り返り，本時のめあての確認
　　②展　開：第2場面の音読，まこと君の家の物置小屋を出たおにたの心情
　　　　　　　の読み取り
　　③まとめ：学習の振り返り，表現読み

○C児のつまずき
　❶音読への抵抗
　❷語彙の理解　「ひいらぎ」「目をさす」「トタン屋根」「うごめく」
　　　　　　　　「しめた」「天じょうのはり」「ねずみのように」
　　　　　　　　「すばやく」「すくって」「そろりと」
　　　　　　　　「もう真っ白です」「豆のにおいがしないぞ」
　❸情景描写の理解
　　　　　　　　「こな雪がふっていました。道路も屋根も野原も，もう真っ
　　　　　　　　白です。」
　❹地の文からの心情理解
　　　　　　　　「おにたのはだしの小さな足が，つめたい雪の中に，とき
　　　　　　　　どき，すぽっと入ります。」「でも，今夜は，どのうちも，
　　　　　　　　ひいらぎの葉をかざっているので，入ることができません。
　　　　　　　　ひいらぎは，おにの目をさすからです。」

　C児のつまずきは複数あるが，大きく分けると二点ある。一点は，語彙の理解であり，もう一点は，心情理解である。本場面は，直接的な心情描写（会話や登場人物の思い）が少ないため，地の文から心情を読み取る必要がある。地の文から登場人物の心情を想像するのは，C児にとっては非常に難しいことであるため，指導に工夫が必要とされる。

(2) つまずきの要因

❶音読への抵抗
- 文字と音が一致していない。
- 拾い読みの段階である。
- 当該学年の漢字を読むことが困難である。
- 読むことに自信がなく,音読の声が非常に小さい。

❷語彙の理解
- 語彙数が少なく,言葉の意味が十分でない。
- 喜怒哀楽を表す言葉を正しく表現することができない(「うれしい」「悲しい」などの心情表現を書き表すときに,「おもしろい」と表現する)。
- 助詞(てにをは)の理解が十分でない。
- 語彙数が少ないため,心情理解に至りにくい。

❸情景描写の理解
- 情景描写が心情理解につながっていることの理解が難しい。
- 情景描写が登場人物のどのような心情を表しているのかの理解が難しい。

❹地の文からの心情理解
- 地の文から心情を読み取ることができない。

(3) つまずきの要因に対する指導の工夫

❶音読への抵抗
- 読みづらい漢字に振り仮名を振る。
- すらすら読めるようになるまで,形態を変えながら,何度もクラス全員で読む練習をする。
- 机間指導で,正しく読めているか,こまめに確認をする。
- 声に出して読んでいることや読む努力をしていることをほめる。

❷語彙の理解
- 前後の文から語彙の正しい理解を促す。

- 児童自身の体験から語彙の理解を促す。
- クラスの児童の発言から語彙の理解を深める。
- 国語辞典で調べる。
- 身近な事柄に置き換え,例文を示す。

❸ 情景描写の理解

- 既習の物語文から情景描写の復習をする。
- 挿絵など視覚的な手がかりを活用する。
- 映画やアニメの用法にたとえながら解説する。

❹ 地の文からの心情理解

- 動作化を行い,心情理解や情景理解を行う。
- 言葉を一つ一つていねいに読み取り,イメージをふくらませる。
- 児童の体験と物語を結びつけ,心情理解を促す。
- 登場人物の心情を表す地の文にスラッシュを書き入れる。
- スラッシュからどのような心情を読み取れるか想像させる。
- クラスの児童の発言から想像をふくらませる。

(4) 一斉指導における工夫

	学習活動	指導上の留意点 ○全体　※C児への支援 ☆視覚的な手がかり
導入	○前時の学習の振り返り ○学習のめあての確認	○前時に書いた児童の振り返りを読み合い,前時を振り返る。 　本時に大きく関わる内容であるため,ていねいに振り返る。※1 ☆めあての板書
展開	○学習場面の音読 ○「まことくんのうちを出たおにたの気持ち」について考える。※2 ・おにたの歩いているところの様子について考える。	○クラス全員で音読 ※事前にルビを振っておく。 ※わからない言葉の確認 ☆注目させたい語句を掲示 「こな雪がふっていました。」「道路も屋根も野原も,もう真っ白です。」 ※必要に応じ,児童の体験と重ねて心情

	・おにたの格好を考える。 ・おにたの心情を考える。 ・動作化 ・表現読み ○「トタン屋根の家を見つけたおにたの気持ち」について考える。 ※3 ・おにたの心情を考える。 ・表現読み ・動作化	を想像させる。 ☆注目させたい語句を掲示 「おにたのはだしの小さな足が、つめたい雪の中に、ときどき、すぽっと入ります。」「(いいうちがないかなあ。)」「でも、今夜は、どのうちも、ひいらぎの葉をかざっているので、入ることができません。」 ☆児童の発言を板書し全体で共有化 ○教師の範読に合わせ、児童はおにたになりきり、動作を行う。 ☆注目させたい語句を掲示 「小さな橋をわたったところに、トタン屋根の家を見つけました。おにたのひくい鼻がうごめきました。(こりゃあ、豆のにおいがしないぞ。しめた。ひいらぎもかざっていない。)」 ☆児童の発言を板書し全体で共有化 ○教師の判読に合わせ、児童はおにたになりきり、動作を行う。
まとめ	○学習の振り返り ・おにたの気持ちを想像しながら音読で表現読みをする。 ・「おにたの気持ち」を想像してノートに書く。 ※4	○学習したことの振り返り ※心情を表す語彙が正しく使えているか確認をする。

※1 前時の学習の振り返りについて

○前時の学習内容をしっかり振り返ることにより、本時の学習内容が深まる

　　おにたは住み慣れたまこと君の家の小屋を出るのだが、おにたは少しも鬼らしくはなく、まこと君の家族のためになることをこっそりと行っている。それは、まこと君の家族に対するおにたの気持ちであり、人間好きなおにたの気のいい様子がうかがえる。

（効果）　本時では、おにたの人間好きな、気のいい様子とは裏腹に、鬼に対する人間の心情が「節分」として表現される。本時で大きくクローズアップされるおにたの孤独感を感じ取るためにも、前時のていねいな振り返りは欠かせない。

2章 子どものつまずきへの対応の実際

※2「まことくんのうちを出たおにたの気持ち」について考える

○おにたの歩いているところの様子について考える

　「こな雪がふっていました。」「道路も屋根も野原も，もう真っ白です。」この二文から，おにたの歩いているところの様子を知ることができる。たった二文であるが，どこもかしこも真っ白であること，そして，「もう」という言葉から早いペースで雪が降っていることがわかる。おにたの寂しい気持ちをさらに追い込んでいくかのように雪が降っているのである。「もう」という言葉の有無の違いを考える。

○おにたの格好を考える

　「おにたのはだしの小さな足」から，おにたの痛々しい様子が読み取れる。また，その「小さな足」が，「つめたい雪の中に，ときどき，すぽっと入る」のである。住み慣れた小屋を出て，雪の中を一人で歩くおにたの孤独さ，心細さ，寂しさを想像することができる。

○節分という日を考える

　「でも，今夜は，どのうちも，ひいらぎの葉をかざっているので，入ることができません。ひいらぎは，おにの目をさすからです。」という文から，おにたにとってつらい一日であることが読み取れる。入ることのできるうちを見つけることができないというつらさだけでなく，鬼を寄せつけまいとする人間の心理を思い知らされる日でもある。

○おにたの心情を考える

　おにたの歩いているところの様子，おにたの格好，そして，節分という日の上記三点が，おにたの孤独感，心細さを引き出している。そして，おにたの「いいうちがないかなあ。」という言葉につながる。三点を理解させたうえで，「いいうちがないかなあ。」を表現読みをする。さらに，雪の中をとぼとぼと歩くおにたになりきるなど動作化をする。

（効果）　文章だけではイメージが十分ではない。文章の中の言葉一つ一つにイメージをふくらませる要素が隠れている。それを一つずつ拾い，言葉に注目させながら，イメージをさせていく。そうすることで，おにたの心情に迫

ることができる。

　授業の前半としておにたの心細い気持ちをしっかり理解することで，後半の「トタン屋根をみつけたおにたの気持ち」に迫ることができるので，ていねいに理解を促す必要がある。

※3「トタン屋根の家を見つけたおにたの気持ち」について考える

○おにたの心情を考える

　「こりゃあ，豆のにおいがしないぞ。しめた。ひいらぎもかざっていない。」この一文は，今まで寒く雪の降る中，たった一人で歩いていたおにたの気持ちとは対称的な心情である。

　表現読みにより，おにたの心情を考える。

○動作化

　授業前半のおにたの動きとは対照的に，この部分でのおにたの動きは機敏で，喜びに満ちている。その様子をつかむために，教師が範読をしながら，児童が動作化をする。おにたの動作の順序も把握できるようにする。

（効果）　第2場面の前半とは裏腹な，おにたの喜びに満ちた心情を読み取ることができる。

※4「おにたの気持ち」を想像してノートに書く

　学習のまとめとして，毎時間書くようにする。書くことで，ぼんやりしていたものが明確になる。

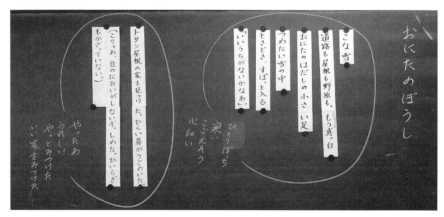

(5) 個別指導・家庭学習における工夫

○C児は、どの教科においても、学習に対して困難をもっている児童である。そのため、自信を失いぎみで、クラスでも気配を消すようにして席に座っている。また、そばに教師がフォローに行くことを嫌がる。そのため、クラス全員に対し、どの子にも必要に応じた声かけをしている様子をC児に見せ、安心感を与えるようにした。あわせて、C児が心を開くことができるよう教師との人間関係の構築にも意識した。

○自己肯定感の不十分さが見られるC児のため、ほんの少しの努力も見逃さず、すかさずほめるようにした。

○音読の練習を十分にする必要があるため、休み時間や放課後を利用し、練習させた。一人で読ませるまでに、こちらが何度も朗読をし、聴覚で覚えられるようにした。また、イメージをふくらませることができるよう感情をこめた読みを意識した。

○語彙の正しい理解を促すため、一つ一つの言葉の意味を確認したり、文章作りをしたりした。

○情景描写を深めるべく、絵を手がかりに想像させ、どんなふうに感じるかを考えさせるようにした。

○家庭学習の工夫

　家庭の様子を踏まえ、C児、家庭ともに負担になることなく、むしろ楽しんで取り組むことができる課題を出すように心がけるようにした。家庭での支援が得られずとも、C児が一人で取り組むことのできる課題であることも意識した。

- その日学習したページの音読をし、聞いてもらう。
- 学校での出来事を家庭で聞いてもらい、家庭でも感想を言ってもらう。
- カルタ取り
- 言葉集め

(6) 評　価

　本時の評価のポイントは，おにたの心情を読み取ることができることである。おにたの心情は大きく二つに分かれており，まず，まこと君の家の小屋を出て雪の中を歩くおにたの気持ち，次に，トタン屋根の家を見つけたときのおにたの気持ちである。心情を理解するために，地の文やおにたの行動を示した文からイメージをふくらませる必要がある。
○指導の工夫をする中での具体的な評価として次のことを挙げる。
- 気持ちをこめて，表現読みをすることができる。
- おにたの心情を理解し，おにたになりきって，動作化することができる。
- 振り返りでおにたの気持ちを想像して書くことができる。

　最後に，指導の手立てが有効であったかどうか，C児の作文を掲載する。

（初めの感想）

　ちいさなおうちにおにたのぼうしのこがおかあさんをだいじにしてるのがすごいなとおもいました。おにがいしゅん（いっしゅん）できえたとき，ぼうしをおいていた（いった）ところがおもしろかた（おもしろかった）です。ゆきをかぶた（かぶった）おにがちいさないえにはいて（はいって）きた。おにがきえたとき，おんなのこがおにをさがしてたときがおもしろいとおもいました。

（終わりの感想）

　おにたはかわいそう。でも，いやだた（だった）とおもいます。それもひとりぽち（ぽっち）だからかわいそうだとおもいました。いつもがんばて（がんばって）いるおにたはすごくいいおにだとおもいました。かなしそうにみぶるいしたていうことがとてもいいぶん（文）だとおもいました。とてもやさしいおにたでした。おにたはきのいいおにていうことはおにたはやさしいていうことです。おとうさんのくつをぴかぴかていうことわ（は）すばらしいおにただとおもいました。それも，おにたのはだしのちいさな足てゆ

（い）うことわ（は）すぽってはいて（はいって）つめたかた（かった）。ひいらぎをかざて（かざって）いておにのめをさしたりしているのでかわいそうだなとおもいました。でも，ちいさなはしお（を）わたたら（わたったら）いえお（を）みつけました。(以後省略)

(東)

使用教科書：『ひろがることば 小学国語 3下』教育出版（平成25年版）

Point
- 対象児童は，漢字の書き取りや特殊音節の書き取りなど学習面全般の支援を必要とすることが，感想文などから読み取れる。教師としては，机間巡視などの際に真っ先に駆けつけてあげたくなるが，対象児のプライド（自尊心）に配慮し，ていねいに関係づくりをしている。
- 子ども理解と信頼関係が土台として築かれており，手立ての有効性以上に，教師としてのあり方を見習いたくなる実践である。

(石塚・川上)

語句そのものの知識は高いが，文脈から適切な語句の意味を理解することが難しい生徒Dへの支援 （中学校1年）

(1) つまずきの概要

○故事成語の由来を理解したうえで，漢文への興味につなげていくのが難しい。
○現代語訳を参考に，語句の意味と文章内容を把握しづらい。
○言葉の意味を理解し，それを実際の生活で使いこなすのが難しい。

学習内容：『今に生きる言葉　漢文「矛盾」』（全4時間）

内　　容：楚の国に矛と盾を売る男がいて，「この矛はどんな盾でも突き通せるし，この盾はどんな矛でも防ぐことができる」と言った。ある人が「それでは，その矛でその盾を突いたらどうなるのか」と聞いた。男は返答に行きづまってしまった。この故事から生まれた「矛盾」という言葉を学習する。

教 材 観：我々が日常的に使っている言葉の中には，故事成語など中国の古典に由来するものが少なくない。古典が現在まで生き続ける言葉として存在していることに興味を抱かせ，意欲的に学ばせるには，「矛盾」は短くまとまっていて，大変わかりやすい教材といえる。故事の内容も無駄がなく，ストーリーも単純で教えやすい。一方で，「矛盾する」という概念を日常生活に結びつけて使えるかどうかが難しい教材でもある。

授業の具体例：第1時
　　○本時の目標
　　　故事成語「矛盾」のもとになった漢文の内容を知る。現代語訳を参考にしながら，故事の内容を理解する。故事成語とは何かをきちんと捉え，そ

のうえで「矛盾」という言葉の意味を考える。
○本時の流れ
　①導　　入：本時のめあての確認
　②展　　開：・４コマ漫画から時代・国・場面を考える。登場人物の行動，気持ちをまず絵から読み取り，発表する。
　　　　　　・本文を読み「故事成語」について知る。
　　　　　　・現代語訳を読む。言葉からも理解を深める。
　　　　　　・プリントで登場人物のセリフを考える。班内で各自発表する。
　　　　　　・プリントで故事成語とは何かの確認をする。
　　　　　　・話の中で「矛盾」しているところを理解する。
　　　　　　・「矛盾」の意味を確認する。
　　　　　　・短文を作り，班内で発表する。
　③まとめ：・学習を振り返り，プリントを提出する。
　　　　　　・次時のために班の代表者を決める。
○生徒Ｄのつまずき
　❶語彙の理解　いろいろな言葉や意味を知っていて，発言も多いが，実際に正しい文脈の中で使うことが苦手である。
　❷文脈の理解　まず故事がもともとあって，そこから言葉が生まれたという順番が理解しにくい。「矛盾」という漢字を分解すると，ただの「矛」と「盾」になるところと，それがどうしてつじつまが合わないという意味になるのかが結びつきにくい。「矛盾」という概念をしっかりもって言葉を使いこなすのが難しい。
　❸古典と現代文の一致　現代語訳はすらすら読める。書き下し文も範読の後，きちんと追って読める。しかし，現代語訳と頭の中で一致させることが難しい。
　　　発言や音読は得意だが，真の言葉の理解には遠く，すぐに頭の中でイメージしにくい。

(2) つまずきの要因

❶語彙の理解

- 言葉は豊富に知っているが,実際に使いこなせない。
- 音だけで判断し,間違った使い方をすることがある。

❷文脈の理解

- 文章の起承転結の流れがうまくつかめない。
- 現代語訳の表現の言い回しが難しく,内容を把握しにくい。

❸古典と現代文の一致

- 漢字や平仮名を形として認識しているため,読むことで精一杯になり,ある行がどこの説明になっているのかなど,一致させて理解することが難しい。

(3) つまずきの要因に対する指導の工夫

❶語彙の理解

- 挿絵やイラストなど,視覚的に確認できるものを活用する。
- 日常的に使用する言葉で,よりわかりやすく登場人物のセリフを考える。

❷文脈の理解

- 考えたセリフを発表し合うことで,身近な言葉として認識する。
- 繰り返し内容を聞くことができるよう,同内容の発表を多くすることで理解につなげる。

❸古典と現代文の一致

- 各自考えた平易な表現のセリフで内容を確認した後,教科書の現代語訳を読み,内容を再確認する。

(4) 一斉指導における工夫

　支援を必要とする生徒Dへの工夫をすることによって,他の生徒の理解力向上につなげることができる。

2章 子どものつまずきへの対応の実際

	学習活動	指導上の留意点 ○全体　※生徒Dへの支援 ☆視覚的な手がかり
導入	・「矛盾」の4コマ漫画のセリフや内容を想像する。 ・漫画から読み取れることを確認する。 ※1 ・本時の目標を確かめる。 ⇒ 中国の古典に由来する言葉について知ろう。	☆4コマ漫画を提示する。 黒板に拡大して貼る。 ○漫画の登場人物に注目し，背景・セリフなどを想像する。 ・想像することが困難な場合は，題材が「矛盾」であることを伝える。 ・描かれている人物や国，時代についても注目し，考える。
展開	・教科書の本文「今に生きる言葉」を読み，故事成語について知る。 ※2 ・「矛盾」のもとになった漢文の現代語訳を読み，内容を理解する。 ※3 ・ワークシートを使って現代語訳をもとにしてセリフや内容を考え，グループ内で発表する。 ※4 ・「矛盾」の意味を確認し，短文を作って班内で発表し，交流する。 ※5	☆故事成語がどういう言葉を表すのかを確かめさせる。 ☆数人の生徒を指名して音読をさせる。 ○自分のイメージと重ねることができたかどうか発表する。 ○「矛盾」の故事から，実感的に言葉の意味を考える。 ○「矛盾」の言葉の意味を，自らの経験に引きつけて考えさせる。
まとめ	・本時の振り返りを行い，次時のための班の代表者を決める。	○本時で学んだことを確認し，次時の見通しをもつ。 ○次時では班の代表者が，前に出てセリフと短文をそれぞれ発表する。 ※6

※1 漫画から読み取れることを全体で確認する

4コマ漫画を拡大して黒板に掲示する。

○服装・髪型からの発想

　現代ふうではない……古い時代か？

　日本ふうではない……他国か？

○持ち物からの発想

　持っている物は何か？

　盾……何に使う物か？

矛……何に使う物か？

（効果）　掲示することで板書の時間が短縮され，集中して考える時間が十分に取れる。

　発想を発表させることによって，イメージが共有できる。

○登場人物の行動からの発想

まわりに人が集まっている……説明している？

すごすごと帰っている……うまくいかなかったか？

子どもが笑ってはやしたてている……からかわれている？　など

※2　本文を読み，故事成語について知る

○教科書を音読する

数名が読むようにする。

（効果）　いきなり古文から入るのではなく，現代の文章から導入すると，挙手もしやすい。今から学習するのが「故事成語」というものであり，「故事」とは何かをあらかじめ理解することが，漢文を読み進めるうえで，必要である。

○他の故事成語について

　知っているもの，聞いたことがあるものを挙手を促す。教科書に出ている「推敲」「蛇足」などについては本時の後に時間をとって学習するので，ここではふくらませすぎないようにする。

（効果）　難しい発問ばかりで，一時間の授業中に一度も手を挙げられない生徒を出さないために，知っているかどうかだけを聞く。このような発問を取り入れるだけで，すべての生徒を授業に参加させることができる。

○２千年以上も前にあった故事がもとになっているということについて，どう思うかを発表させる

　感想なら述べやすいという生徒もいるので，自由に発表できるようにする。

※3　現代語訳を読み，内容を理解する

○現代語訳を音読する

教科書の音読の際と同様に，現代の文章から導入すると，挙手もしやすい。また，形式段落で読むと数名の生徒が発表でき，意欲につながる。

○導入で絵を使ってイメージしたものと，現代文の内容が一致するか発表する

（効果）　導入段階で生徒の言葉で表現したイメージがあると，教科書に書かれた文章がスムーズに理解できる。さらにもう一度内容を確認することで，理解を深めることができる。

※4　セリフをグループ内で発表する

○席をグループ席に移動

　5〜6人編成の班で活動する。相談タイムを設ける。

○ワークシートを配布

　現代語訳をもとに，セリフや内容を考えて各自記入する。今回は全員同じシートを使用するが，生徒の特性に応じ，ここで複数のシートを活用することもできる。

（効果）　今日的な言葉を入れることでリアリティのあるセリフとなり，理解につながる。

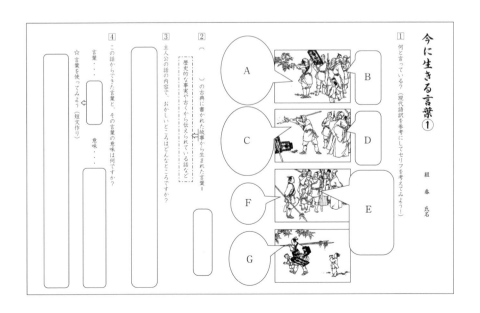

○グループ内で発表
　班ごとに一人ずつ自分の書いたセリフを班内で発表する。一人ひとり，声に出して順番に発表，もしくはワークシートを時計回りに回して班全員分のワークシートを読む。
（効果）　他の生徒の考えた身近なセリフを聞くことで，さらに理解が深まり，また自身も少人数の発表を繰り返すことで表現能力を高められる。
セリフ例
　　生徒①　A「この盾は何も突き通さない盾だぞ。ほら，買った，買った」
　　　　　　B「おおー，堅そうだな」
　　　　　　C「この矛はなんでも突き通せるんだぞ。みんな，買わないの？　お得だよ！」
　　　　　　D「むむ，鋭くて強そうだ」
　　　　　　E「ちょっと待て，お前，さっき何も突き通さない盾も売ってただろ。あれはうそだったのか？」
　　　　　　F「あっ，そ，それは……」
　　　　　　G「結局何も買ってもらえなかった。……あーあ」
　　生徒②　A「この盾はどんな矛でも絶対に，絶対に突き通さない最強の盾でーす」
　　　　　　B「最強の盾かあ。買おうかな」
　　　　　　C「こちらはどんな盾でも必ず貫く矛ですよ！　この矛を止める盾などありませーん」
　　　　　　D「あれ？　話がおかしいなあ。さっきの盾は？」
　　　　　　E「ねえ，あなたの矛であなたの盾を突いたら一体どうなるんだ？　ちょっと目の前でやってみてくれよ」
　　　　　　F「え？　それは……ちょっと……無理です」
　　　　　　G「売れると思ったのになあ。一個くらい買ってくれよ」
　　生徒③　A「この盾は，どんな武器も通さない無敵の盾です」
　　　　　　B「マジか！　すごいなあ」

C「えー，一方こちらはどんな堅い盾も突き通す無敵の矛です」
　　　D「へえー，こりゃまたすごい。これで堅い野菜も切れるわ」
　　　E「でもさあ，その矛であの盾を突いたらどうなるんだ？」
　　　F「えっ，それはその……。うーん」
　　　G「質問されたときのこと，考えてなかったよー」
生徒④　A「見ろ！　この盾はどんなものも突き通さない，頑丈な盾なんだよ。買わなきゃ損だよ」
　　　B「おおー，確かにみごとだ」
　　　C「そして，この矛！　とても鋭くて，突き通せないものなんてないんだ！　買ったら絶対勝てるよ」
　　　D「そうなのか。すごいな……。ん？」
　　　E「その突き通せないものがない矛で，どんなものでも突き通さない盾を突いたら，一体どうなるんだ？　突き通しちゃったら盾が嘘？　突き通せなかったら矛が……」
　　　F「!?　あ……，その……それは……」
　　　G「ちょっと欲張りすぎたかな……。反省」

※5 自らの経験に引きつけて考えさせる

○短文を作る

　　ワークシートに記入

「矛盾」の意味を自らの経験に結びつけて，短い文で表現する。

（効果）　班体制で作業することで，お互いに聞き合ったり教え合ったりという相乗効果が期待できる。相談タイムを設けることで，生徒Dへの働きかけも自然なものとなり，生徒同士も声をかけやすくなる。

短文例

生徒⑤　「お母さんは私にいつも早く寝なさいと言うのに，自分は深夜までテレビを見て笑ってる。なんだか矛盾してる」

生徒⑥　「もうおなかいっぱいといいながら，後から出されたケーキをペロリ。お姉ちゃんは矛盾してるよ」

※6 次時の内容として
○グループの代表による発表
　　一番内容がよかった生徒を各班ごとに選び，全体の前で発表する。
　（効果）　繰り返し発表することで全体として内容がより理解できる。選ばれて発表するという経験を多くの生徒がすることで，表現能力を養うことができる。

(5) 個別指導・家庭学習における工夫

○生徒Dの様子について，保護者と共通理解できるように連携を図ることが必要である。そのために，中学校では各教科ごとに本人のつまずき，課題をしっかりと捉え正確に伝えて，本人のために学校・保護者は何ができるのかをともに考えていくことが大切である。
○生徒Dについては，保護者と本人の意向で取り出し授業はしていない。しかし，各教科ごとのつまずきを各教科担任に伝えてほしいとの要望があり，ケース会議を開催した。次ページの「聞き取りシート」をもとに本人と保護者の思いを担任・生徒指導専任で聞き取り，その後教科担任で会議をして共通理解を図った。そこで，各教科ごとに考えられる方策・考えを発表し合い，シートにまとめ，その結果をまた保護者に返すということを数回繰り返した。
　　また，保護者に対しては，学校から出される教科のプリント類に関して，整理が苦手な生徒のフォローを依頼したところ，各教科ごとに整理しやすい色別ファイルを用意してもらえた。互いに連携しながら，少しでも生徒本人のつまずきが少なくなるような配慮が必要である。

(6) 評　価

　本時の評価のポイントは，故事成語としての「矛盾」の意味を理解することにある。そのため，挿絵を使って背景となる時代の中でどのような話が伝わり，そこからどのような言葉が生まれ，今どういう場面で使われているのかを正しく知る必要がある。

○具体的な評価
- 「故事成語」とは何かを理解している。
- 現代語訳・書き下し文の関係を理解している。
- 話の展開を理解している。
- 「矛盾」の意味を経験から考え,ワークシートに書くことができる。
- 漢字の意味からなぜ「矛盾」というのかを理解することができる。
- 「矛盾」という言葉を適切に使った短文を作っている。
- 友達の表現と自分の表現を比較しながら聞いている。

○個別指導
- 古典の言葉の意味や故事成語に興味を示したかを大切にしていく。
- ワークシートにきちんと自分の言葉で書き込めているかを確認する。

特別支援教育　学習面　聞き取りシート

平成（　）年（　）月（　）日現在

（　）年（　）組　男・女　氏名（　　　　　　）
記入者　　　　　　　生徒との関係

教科	本人のつまずき	保護者の意見	考えられる方策	教科担任の考え	効果は
国語					
数学					
社会					
理科					
英語					
音楽					
美術					
技術					
家庭					

（菊池）

使用教科書:『国語　1』光村図書（平成25年版）

Point

- 雄弁だが，本来の意味，使われ方とはズレた話になってしまう生徒がいる。D君もその一人だ。そのD君に対し個別的な目立つ支援ではなく，グループ学習や相談タイムを通して，何度も確認のチャンスを用意している。対象生徒の工夫や配慮は，他の生徒にも有効に機能するだろうという視点を大切にしている。
- 単なる知識にとどめず，自分の言い方で表現し，実際の生活と結びつけた理解を促していることが，対象の生徒の状態に適切である。

(石塚・川上)

コラム

ある日の授業

「勉強始めるよ。今日はこっちの列からね」と声をかけながら，A先生が子どもたちの机と机の間を歩き始める。子どもたちの机上には教科書とノート。ノートは今日使うページが開かれていて，その上に筆箱。もちろん，筆箱の中身も見えるように置いてある。「いいね」「OK」「きれいに書けているね」「新しいノート，用意しておこう」など，子どもの様子を見ながら確認をしていく。準備が整っていなければ「○○を出そうね」と準備を促す。その間，ほんの二，三分。授業の途中で「先生，ノート忘れました」「△△がありません」といった学びの流れを中断させるやりとりがなくなることや，必要なものがなくて困っている時間をすごす子どもの気持ちを考えると，とても効率的である。

それ以外にも，歩くということで，床に落ちている物や動線を確認していた。さりげないけれど，とても効果的な動きだと感じた。

授業開始。本時のめあてと活動の流れが板書される。子どもにもゴールが明確になり，学びの見通しがもてる。また，黒板は，授業のためだけにフルに活用されていた。時間割や連絡事項などにスペースを使われていない黒板は，とても集中しやすい。

ノートに書き写す場所は黄色のチョークで囲まれており，要所要所で，板書を写す時間が確保されていた。また，ノートは，新しいページに書くというルールが定着していて，わかりやすいノート作りに取り組んでいる様子がうかがえた。学びの足跡がよくわかるので，保護者もノートを見て，子どもをほめるきっかけになるだろうなぁと思った。

発問もよく考えられていたので，先生の言葉は多すぎず余白の部分がある。また，問いかけるときの先生の声のトーンがいい。自分で考える時間，隣の人と共有する時間，集団での学びがバランスよく組み込まれていて，メリハリのある一時間だった。

予定通りに授業が流れていたわけではないのだろうが，子どもがよい表情をしている授業を見ると，すごく幸せな気持ちになる。きっと，子どもたちは私以上に幸せにちがいない。

(冢田)

2章 子どものつまずきへの対応の実際

単語の元来の意味のみにとらわれ，慣用句が表す意味を理解できない生徒Eへの支援　(中学校3年)

(1) つまずきの概要

○言葉をもとの意味のみで捉え，比喩的な意味を理解することが難しい。

学習内容：慣用句（全3時間）

内　　容：慣用句の特徴について整理し，理解する。
　　　　　慣用句を用いた例文を作る。

教 材 観：【全体】
- 日常生活の会話や文章で使用される言葉に関心をもち，豊かな言語感覚を身につけることができる。
- 普通の言い方に比べ印象的な表現になることに気づくことができる。

【生徒E】
- 日常生活で使う言葉の中にも，慣用的表現が含まれていることに気づくことができる。

授業の具体例

　○本時の目標　　全　体：慣用句の意味を理解し，語彙を豊かにすること。
　　　　　　　　　　　　　慣用句の意味を知り，使うこと。
　　　　　　　　生徒E：特に，慣用句の特徴や性質について，辞書や資料集を活用して知ることを重視する。

　○本時の流れ
　　①導　　入：言葉本来の意味ではなく，別の意味を表す言葉に興味をもつ。
　　　　　　　　本時のめあてを確認する。
　　②展　　開：慣用句の意味を調べ，理解する。
　　　　　　　　慣用句を使って短文を作る。

③まとめ：学習の振り返りをする。
- 「慣用句の特徴や性質について理解できたか」「慣用句を使って短文が作れたか」について振り返る。

○生徒Eのつまずき

- **❶意味理解**　比喩的な意味として理解できない。
- **❷日常会話**　知っている表現技法の種類が少ない。比喩を用いた表現技法をまわりが使っていても，自分で使うのは難しい。

(2) つまずきの要因

❶意味理解
- 言葉元来の意味のみにとらわれ，慣用句が表す意味の理解が不十分である。
- 文章を論理的に理解し，その内容をまとめて説明することが苦手である。

❷日常会話
- 相手に伝えたいという意欲が弱い。
- 伝え方のレパートリー（視線や身振りを含めて）が少ない。
- 直喩表現を十分理解できないことから，日常的に使わないことが多い。

(3) つまずきの要因に対する指導の工夫

❶意味理解
- 慣用句としての意味で捉えた絵を活用し，そのままでは表現として意味が通じないものになることがわかるようにする。
- 慣用句としての絵を活用し，視覚的に確認できるものを使用する。
- 知識だけでなく活用も目標にする。
- 慣用句が適用される条件について理解できるようにする。

❷日常会話
- 相手に伝える方法や，伝え方のレパートリーの選択肢を具体的に用意する。
- 慣用句や直喩表現を，辞書や資料集を活用して意味がわかるようにする。（身近な事柄や興味のある事柄を使った用例も示す）。

- これまで慣例的に用いられてきている表現技法をまずは使えるようにする。

(4) 一斉指導における工夫

	学習活動	指導上の留意点 ○全体　※生徒Eへの支援 ☆視覚的な手がかり
導入	○言葉そのままの意味から離れて，別の意味を表している言葉に興味をもつ。 ○学習のめあてを確認する。 　慣用句の意味を理解し，語彙を豊かにしながら短文を作ろう。	○授業者が買い物をしたときに「足が出た」など身近で起きた話をする。 ○慣用句を使ったことを伝え，文中のどこの部分で使われていたのか確認する。 ※体に関係のある言葉を使った慣用句を用いて話したことを伝える。 ☆話の内容に合う，挿絵などを提示する。 ○意味がわからないときは資料集や辞書で確認する。 ※資料集や辞書のどこに載っているか一緒に確認する。 ※生徒Eの学習のめあてについては，授業者が机間指導中にノート（ワークシート）に記入する。
展開	○本文を読む。 ・「腕を磨く」「腕を上げる」「腕が鳴る」の意味を共有する。	○本文の慣用句とイラストで，それぞれがもつもとの意味と慣用句の成句としての意味の違いに着目できるようにする。 本文の慣用句：「腕を磨く」「腕を上げる」「腕が鳴る」 ☆教科書の絵を拡大して提示する。 ※イラストは，それぞれの語がもつもと

		の意味であることを確認する。
	○日常の言語生活を振り返り，慣用句について知っている語を挙げる。※1	○日常生活で使う言葉の中にも伝統的な言い回しが表れていることに気づくことができるようにする。 ○語の構成や文の構成に着目して，類似しているものや関連のあるものを体系的に扱っていく。 ☆「体や心に関係のある言葉」 　「自然に関係のある言葉」 　「動植物に関係のある言葉」と，板書しておく。
	・挙がってきた慣用句を共有する。	※板書を確認しながら，「体や心に関係のある言葉」「自然に関係のある言葉」「動植物に関係のある言葉」に分けられることを指摘し，例を挙げて一緒に考える。 　例：体　　⇒「頭が下がる」 　　　自然　⇒「水に流す」 　　　動植物⇒「すずめの涙」 ○具体的に例文を挙げ，その用法・語義についても具体的な場面に基づいて考える。
	○実際の使用場面を想定して，短文を作る。	○ワークシートを配布する。 ○本文に載っている三つの慣用句を使って短文を作る。 　・肩の荷が下りる。 　・気が気でない。 　・息をのむ。 ※一つでも短文が作れるようになることを目標にする。 ○意味がわからないときは，資料集や辞書で確認する。 ☆三つの慣用句の挿絵を提示する。
	・ワークシートに三つの慣用句を使った短文をそれぞれ記入する。※2 ・ワークシートに記入したことを発表する。	○三つの短文ができた生徒には，資料集や自分の知っている慣用句を使った短文も作るように指示する。
まとめ	○学習の振り返りをし，自己評価をする。	○本時の学習内容を振り返り，自己評価表に記入する。 　・例をもとに，知っている慣用句を挙げられた。 　・言葉のもとの意味と，新しい意味の関わりについて考えられた。 　・実際に使う場面を想定して，短文を作ることができた。　　など ※全体の自己評価表と併せて，生徒E用

	の自己評価表を机間指導中に渡す。
	・日常生活で使う言葉の中にも，慣用的表現が使われていることがわかった。
	・主に「体」「自然」「動植物」に分けられていることを知り，分類できた。　など

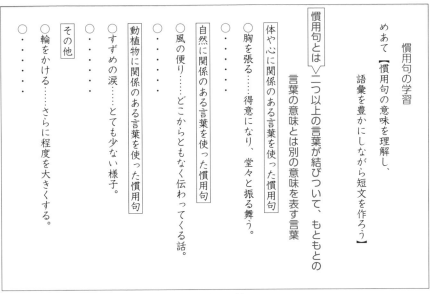

めあて　慣用句の学習
【慣用句の意味を理解し、語彙を豊かにしながら短文を作ろう】

慣用句とは▷二つ以上の言葉が結びついて、もともとの言葉の意味とは別の意味を表す言葉

体や心に関係のある言葉を使った慣用句
○胸を張る……得意になり、堂々と振る舞う。
○・・・・・

自然に関係のある言葉を使った慣用句
○風の便り……どこからともなく伝わってくる話。
○・・・・・

動植物に関係のある言葉を使った慣用句
○すずめの涙……とても少ない様子。
○・・・・・

その他
○輪をかける……さらに程度を大きくする。
○・・・・・

板書計画の例

※1 慣用句について知っている語を挙げる（全体）

　　板書を手がかりに，例を挙げて一緒に考える（生徒E）

○慣用句について

　慣用句とは，二つ以上の言葉が結びついてできていること。そして，もとの言葉の意味とは別の意味になることをていねいに説明する。もとの意味と別の意味の絵カードなどを見せ，理解しやすくする。

○挙げられた語について

　「体や心に関係のある言葉」「自然に関係のある言葉」「動植物に関係のある言葉」「その他」に分けて板書することで，身近な物事に関係のある言葉を使ったものが多いことがわかるようにする。

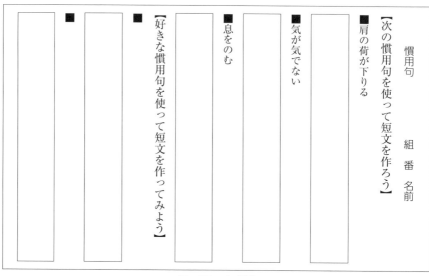

ワークシートの例

※2 ワークシートに記入する（全体）

挿絵を手がかりとして，ワークシートに記入する（生徒E）

○指定された三つの慣用句から短文を作る

　意味がわからないときは，辞書や資料集を使って意味を調べてから作成するよう促す。意味がわかると，身近な出来事から考えやすく，作成しやすくなる。また，日常の言語生活の中で広く用いられている慣用句に関心をもつこともできる。

○好きな慣用句を選び短文を作る

　資料集や辞書を手がかりとして作成するように指導する。前に学習した三つの慣用句（肩の荷が下りる・気が気でない・息をのむ）の短文作りを生かし，豊かな言語感覚を身につけることができる。また，慣用句を知り適切に用いていくことは，日本語表現を豊かにしていくことにつながる。

(5) 個別指導・家庭学習における工夫

○個別指導の例

　生徒Eには語彙の学習を同時に進めることが，慣用句の指導などにも活用できると考えられることから，言葉と意味を一対一で暗記するような学習ではなく，用例に触れることで，具体的な場面での言い回しや意味を少しでも理解することを大切にする。

　また，日常生活で生かせるようなかたちで語彙が増えるよう指導する。

指導例：「かるたで遊ぼう」における指導の流れ

読み札に記載されている慣用句の意味を読み上げる。 より理解しやすくするための解説や例文が掲載されているので，絵札（取り札）の裏を見るように促す。	読まれた慣用句の絵札（取り札）を取る。 絵札（取り札）の裏を見る。 慣用句の意味・解説を読む。	適切な絵札（取り札）が取れたら適切に賞賛する。	読み札を再度読み上げる。 読み上げ文の頭文字が絵札（取り札）の左上に書かれていることを伝える。 指さしで，慣用句の意味・解説の部分を読むように促す。

- 44の慣用句がかるたになっている教材を使用する。

　（参考教材：国語常識シリーズ『慣用句かるた』学研）

○家庭学習の例

　慣用句をなぜそのように表現するのか，論理的に理解したり説明したりすることは，発達障害のある子どもにとって難しいことが多い。

　例えば，「腕が上がる」は，知識や意欲の面ではなく，「スキルという側面」について用いられ，しかも，「以前と比較」して「向上」しているという三つの条件が含まれたときに初めて「腕が上がる」という表現が適用され

る。

　したがって，慣用句の活用を目標にするためには，慣用句のレパートリーはもとより，当該の慣用句が適用される「条件」についてのていねいな指導が必要になる。

　しかし，それらの条件を慣用句ごとに覚えていくとなると，膨大な情報量になってしまうことから，まずは，日常生活の中での慣用句を取り上げ，その表現に慣れていくことを意識させるようにしたい。①まずは慣れる　②意識する　③ときどき使ってみるようになる　という順番を重視したい。

(6) 評　価

　慣用句の特徴を踏まえ，豊かな言語感覚を身につけられたかどうかがポイントであり，また，その語義を知るとともに，実際の使用場面に気づき，その役割を理解して「おもしろい」「味わい深い」と感じることも重要である。

　○一斉指導
- 身のまわりから適切な言葉を選び，表現したり，意味・用例を考えたりしているか。
- 実際に使う場面を想定して，語彙を正しく理解しながら短文が作れたか。

　○個別指導

　【全体】
- 慣用句の例をもとに，言葉のもとの意味と成句としてできあがった新しい意味との関わりについて考えることができたか。

　【つまずきへの対応】
- 具体的な場面では，意味を正確に知ることができたか。
- 多様な表現方法があるということを知ることができたか。
- 比喩的な意味を正しく理解したか。

（熊谷）

使用教科書：『国語　3』光村図書（平成25年版）

Point

- 比喩的表現の理解が難しい生徒への指導の工夫の一例である。基本的な指導の方針として，①辞書等で意味を調べる，②そのままの表現とは異なる意味であることを知る，③自分の体に関係があるなど，身近な用例を重視する，④指導の順番と生徒の状態に合わせて考慮する，などである。また，かるたの効果的な活用も有用とされていることから，生徒の興味関心を高める方法についても工夫が必要であろう。

　これらの取り組みをていねいに，地道に続けていくことが必要である。

(石塚・川上)

コラム

中学校の授業風景から

　中学校で，授業規律や学級秩序を乱すような生徒の行動を「特別支援教育の視点」から捉え直すという動きが広がってきている。

　例えば，授業と無関係の話を続ける，授業中に教室から出ていく，突っ伏して声をかけても起きない，友達との協働学習場面を放棄する…。こうした姿は，従来，授業妨害や怠学と捉えられ，「生活指導」や「生徒指導」の対象と見なされることが多かった。しかし，中学校に「特別支援教育の視点」がもたらされたことで，生徒理解の幅が広がった。これまで気づかれなかったような学習面のつまずきがあったのかもしれない，そう考える学校現場が増えている。

　学習意欲の乏しさや不適応行動の背景要因をていねいに読み解いていくと，聴覚情報の取捨選択の困難さ，ワーキングメモリの弱さが見られることが少なくない。また，発言にまとまりがなく，活動の手順の理解も不十分なケースは，プランニングの弱さが潜在していることもある。暴言や反発は，その生徒の「うまくいかなさ」の歴史を物語っている。誰だって本音としては「やっぱり勉強ができる自分になりたい」と思っている。ところが，彼らの多くは自尊感情（self-esteem）が極端に低く，わからないことやできないことがあっても援助を求めることをためらう。本当は質問したいのだが，「どうしてこんな簡単なことがわからないんだ！」と叱られたり，バカにされたりしてさらに傷つくのではないかと考えてしまうためだ。

　教師の言葉を生徒たちが受け入れないときに，「その生徒が悪い」と見なすのか，授業を見つめ直す契機と捉え直すのか。今，教師のあり方が問われている。

(川上)

事例6

擬態語から行動や状態を想像することが難しいF児への支援
(小学校2年)

(1) つまずきの概要

○物語文の読み取りが難しく，学習意欲が低くなりがちである。
○文章からイメージを広げることが難しい。
○生活経験が少なかったことから，言語の用い方が幼い面がある。

学習内容：『きつねのおきゃくさま』（全16時間）

内　　容：はらぺこきつねは，森で出会ったひよこを太らせてから食べようと，家へ連れてきてごちそうを食べさせる。だんだん太ってきたとき，そのひよこが散歩の途中，あひるに出会う。そのときにひよこが「きつねお兄ちゃんは『やさしい』『しんせつ』」とあひるに話す。次に出会ったうさぎには，『かみさまみたい』と話す。きつねは，初めて言われる言葉がとてもうれしくなり三匹を世話する。そんなときにおおかみが山から下りてきて三匹を襲おうとした。きつねは，三匹を守ろうとおおかみに立ち向かい，追い払う。その晩にきつねは恥ずかしそうに笑って死んだ。

教 材 観：3回同じパターンで繰り返されるので，子どもには次の展開が予想しやすい。登場人物が動物だけなので親しみやすい。「やさしい」「しんせつ」「かみさまみたい」「ゆうかんな」と，場面が変わるごとに一つずつきつねに対するほめ言葉が増えていくので，きつねの気持ちの変化を読み取りやすく，読者も心地よくなる。

授業の具体例：第1場面（第3時）

　○本時の目標　やせたひよこの様子や言葉をもとに，きつねの気持ちの動きを読む。

○本時の流れ
　①導　入：「きつねのおきゃくさま」という題から話の内容を考えた。前時までの振り返りと学習のめあての確認。
　②展　開：やせたひよこの様子や言葉から，きつねの気持ちの変化を想像する。
　③まとめ：学習の振り返り，ワークシートへの記入する。

○F児のつまずき
　❶音読の苦手さ
　❷語彙の理解　「はらぺこ」「がぶり」「みぶるい」「すみか」
　　　　　　　「切りかぶにつまずいて」
　❸表現の理解　「はらぺこきつね」「がぶりとやろう」「ぶるるとみぶるいした」「目をまるくした」「少しぼうっとなった」
　❹書くことへの抵抗感　複数の要因があり，表現の意味理解ができないために，ひよこの様子やきつねの気持ちの理解，変化に考えが及ばない。

(2) つまずきの要因

❶音読の苦手さ
- 平仮名，カタカナの読みが十分に身についていない。
- 漢字が読めない。
- 行をまっすぐに最後まで目で追うことができない。
- 音読の経験が不足している（自信がない）。

❷語彙の理解
- 理解できる語彙数が少なく，言葉の意味がわからない。
- 接続助詞や副詞の使い方や意味がわからない。

❸表現の理解
- 文章中の特異な言い回し（語り口調など）の理解が難しい。

- 擬態語の意味や状態の理解が難しい。
- 文章を読んで登場人物の気持ちの理解が難しい。

❹書くことへの抵抗感

- 何を書けばよいのか思い浮かばない。
- どこに書けばよいのかわからない。
- 書くこと自体に抵抗感がある。
- 平仮名，カタカナ，漢字の書き方が十分にわかっていない。

(3) つまずきの要因に対する指導の工夫

❶音読の苦手さ

- 必要に応じて活用できるように，平仮名五十音表や1年生や2年生で習った漢字の一覧を用意しておく。
- 物語の全文を読み，読めない漢字に鉛筆で振り仮名を振る。漢字を読むことができるようになったら消していく（本児とともに行うと効果的）。
- 定規や色画用紙などを使って，読んでいる行をはっきりさせる。
- 音読する量を少なくし，負担を減らす。何度も繰り返し音読することで慣れ，自信がついてきたら音読する量を増やしていく。

❷語彙の理解

- 写真や絵（教科書の挿絵も含む）など視覚的な手がかりを活用する。
- 具体的にその語の意味や用途をていねいに伝える。
- 生活の中の具体例を活用し，語彙の意味理解を深める。

❸表現の理解

- 文章の途中に出てくる特異な表現を取り上げ，例えば，それは語り口調になっていることをていねいに説明する。
- 挿絵や絵を用いたり，動作化で表情や体を動かすことで理解を深める。
- 気持ちを表す言葉を見つけて，登場人物の気持ちを考える。

❹書くことへの抵抗感

- 書く場所を色で示す（枠を赤で囲むなど）。

- 初めは言葉で子どもの思いを話すようにして，その後にそれを文章にするなど，文章を書きやすくするための手立てを講じる。
- 書くことへの抵抗感の強い子どもには，話を聞き取り，教師が短い文にまとめ，それを写すよう促す。

(4) 一斉指導における工夫

　F児にとって有効な手立て・支援は，低学年の子どもたちにとってもよりわかりやすくなる。動作化や劇ふうにしながら楽しく授業を進めていくと，子どもたちの興味・意欲が継続できる。

	学習活動	指導上の留意点 ○全体　※F児への支援 ☆視覚的な手がかり
導入	○学習のめあての確認 ○第1場面の音読	○前時までの振り返りをする。 ※事前に読めない漢字に振り仮名を振っておく。 ※読んでいる場所を指でなぞるように声をかけたり，教師が一緒に指でなぞったりする。
展開	○きつねの様子や気持ちを考える。 ・気持ちや様子がわかる言葉に線を引く。 ・全体で意見を出し合い，確認する。 　㋐やせたひよこがやってきたとき 　　「がぶりとやろうと」 　㋑ひよこに声をかけたとき 　　「ぶるるとみぶるい」「目をまるく」 　㋒きつねのうちに連れて帰ったとき 　　「にやりとわらった」「ぽうっとなった」 ・その言葉の意味や気持ちを考える。 　「目をまるく」「にやりとわらった」 　など　※1 ○きつねの気持ちが表れるように読む。 ・部分的に動作化 ・教科書の音読　※2	○㋐㋑㋒の三つの場面に分けて考えられるようにする。 ※㋐は教師と一緒に考え，取り組むことを明確にする。 ○全体で発表し合う前にペアトークを入れる。 ☆きつねの表情も手がかりとする。 ※言葉の意味がわからないときは選択肢を活用する。
まとめ	○学習の振り返り ・ワークシートに様子や気持ちを書く。 　※3	☆ワークシートを拡大して，書く場所や書く内容がわかるようにする。 ※授業の中で出された言葉と気持ちを書く。書く場所を指さして教える。

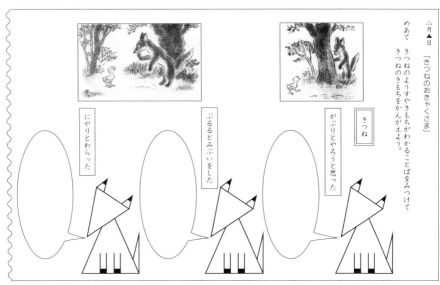

板書計画の例

※1 言葉の意味や気持ちを考える

○言葉を貼る

　本文の中に出てくる言葉はある程度わかっているので，事前に画用紙に書いておき，児童が発言したら貼る。

（効果）　時間が短縮される。

　画用紙に書くことで，わかりやすくなる。

○ひよこときつねの顔のお面を用意する

　登場人物の気持ちの変化を擬態語などを手がかりに感じ取ることで，顔の部位を取り替える。

（効果）　気持ちの変化を視覚的に読み取りやすい。

○きつねの表情（目と口）を描く

　目と口が入るような顔の輪郭を提示する。

（効果）　文章で表すだけでなく絵で表すことで，取り組みやすくなる子どももいる。また，気持ちの表現力が高まる。

※2 きつねの気持ちが表れるように読む

○お面をかぶる

　きつねとひよこのお面を用意し，それをかぶってセリフを言う。動作化をする前には，どういう気持ちか確認する。

（効果）　登場人物が見分けられやすく，その気持ちを考えやすくなる。見ている子どもが誰が何の役か，明確になるのでわかりやすい。

○役割分担する

　「ナレーター」「ひよこ」「きつね」の3人で音読をする。

（効果）　一人の子どもがその役になりきることができるので気持ちを表現しやすい。読みの苦手な児童は，読む量が少なくなって負担が軽減される。

○グループ作り

　3人組のグループを作り，その中で役割を決めて練習をし，グループごとに発表する。

（効果）　グループで取り組むと気持ちが楽になる。読む練習がたくさんできて，自信が高まる。お互いにアドバイスをしやすいので，いろいろな考えが出る。

○発表する

　練習したグループで行う。お互いによいところを発表し合う。

（効果）　たくさん練習したので，安心感がある。ほめてもらえるので，自信が高まる。

※3 ワークシートに記入する

○ワークシートの準備

　黒板に書いたり貼ったりするものと同じものを用意する。挿絵が描いてあると，理解しやすい。

（効果）　ワークシートへ記入する方法や内容がわかりやすい。また，授業の流れが把握しやすく友達の考えと比較しやすい。

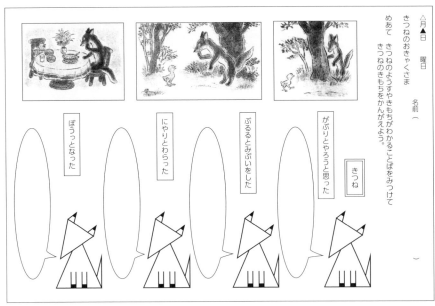

ワークシートの例

(5) 個別学習・家庭学習における工夫

○F児の学校での様子については,連絡帳や学習カードなどを通して家庭と連携を取りやすい関係作りをしておく。その中でF児が得意,不得意なことをお互いに理解しておくと家庭学習がスムーズになる。

○通級指導教室などで個別指導が必要な場合は,学校内での共通理解とともに,保護者とは面談を行い,その必要性や指導内容について確認する。

教科名	目　標	支援の手立て	評　価
国　語	○擬態語に慣れる。 ○擬態語から様子を理解する。	・ゲーム的な活動として捉え,楽しく行う。 ・擬態語をカードにして,子どもが選ぶことができるようにする。 ・よかったことをほめて価値づける。	

○個別指導の例
　①導入（学習への意欲づけ）
　　・イメージ（想像力）をふくらませる遊び
　　　（ⅰ）ボックス遊び…「はこの中は，なんじゃらほい！」
　　　　箱の中に物が入っている⇒中を見ないで手で触る⇒「むにゅむにゅ」などの擬態語で言い表す。
　　　（ⅱ）4コマ漫画のような絵を見て，セリフや擬態語をつけて話す。
　②展開（通常の学級での学習内容を踏まえて）
　　・きつねやひよこの気持ちを考えよう
　　　きつねのお面を用意する。「がぶり」「パクパク」「ガリガリ」などの擬態語とともにお面を動かしたり，目や口などの部位を変えたりする。
　③まとめ（次の時間につなぐ）
　　・いろいろな言い方があることや，その意味を確認する。
　　・家庭でできる内容を伝える。
○家庭学習の工夫
　　他の宿題の量を考慮して，短い時間でできることや，普段の家庭生活の中で心がけてほしいことを協力しながら進めていく。
　・生活の中で……気持ちや様子を表すときに意識して擬態語を使い，聞き慣れるようにする。
　　　　　　家の中にあるもの，使い慣れているものなどを「それ」「これ」という指示語ではなく，具体的な名前を言うことで子どもの語彙数（擬態語を含む）を増やす。
　・経験を増やす…子どもの成長に合わせてできそうなことを家族で楽しむようにする。また，その活動の中でコミュニケーションを取ることで語彙が増えたり表現方法に慣れたりする。
　　　　　　例えば，料理，工作，ハイキング，自然と親しむ　など

(6) 評　価

　本時は，はらぺこきつねがひよこを食べようと思ったが，出会ったひよこの言葉によって気持ちが変化していく様子を読み取ることがねらいであり，評価のポイントである。その中で「ぶるるとみぶるい」「にやりとわらう」などの擬態語は，気持ちを読み取る大きな手がかりとなる。そのためには，言葉の意味や表現の理解が大切である。

○指導の工夫をする中で具体的な評価には，
- お面をかぶることで登場人物になりきることができ，気持ちと言葉（擬態語を含む）を結びつけて考えることができる。
- 言葉の意味が理解できる。
- 「ぶるるとみぶるい」「にやりとわらう」など擬態語を使った言い方ができたり，短い文を作ったりすることができる。
- グループで練習をすることで一人ひとりの役割が明確になり，お互いに声をかけ合うことで擬態語を使った心情理解につながる。
- ひよこやきつねの気持ちの変化を理解し，音読ができる。

などが考えられる。F児自身の評価とともに，指導者が行った支援がF児にとって有効であったのかを評価をする。

○一斉指導

　授業の中で気づいたことや考えたことを発表できるようにする。その際，発表内容が稚拙であったり言葉足らずの内容であったりしても，その意を汲んで解説を加えるなどすることで，児童の思いを大切にしている。

　また，周囲の友達が発表したことを最後まで聞き取ることを大切にする。友達の話を理解することで，自分の思いとの共通点や相違点に気づき，さらに自分の考えを深める。

　ワークシートと板書をあまり変えず書きやすくし，教師の指示や説明もわかりやすくする。しかし，ワークシートに書くことが苦手な子どもには個別に対応する。

○個別指導

　言葉で発表するだけでなく、ワークシートに自分なりの考えを書くことができたなら、十分に評価する。手を挙げない子どもには教師が「〇〇さんの思いがとてもいいから聞いてあげて」など、一人ひとりの思いを広める手立ても行う。また、本読みが苦手でたどたどしくても、読もうとする気持ちを大切にして評価する。

(夏目)

使用教科書・指導書
『ひろがる　ことば　小学国語　2上』教育出版（平成25年版）
『ひろがる　ことば　小学国語　2上　教師用指導書　解説・展開編』教育出版
『ひろがる　ことば　小学国語　2上　教師用指導書　ワークシート編』教育出版

Point
- 「気持ちがわかる言葉に線を引きましょう」。この発問指示ほど、国語につまずきのある子どもを苦しめている言葉はない。しかし、多くの教師がそのことに気づいていない現実がある。気持ちの変化の読み取りを課題にするのであれば、「気持ちの読み取り方」を論理的に指導しなければならない。本実践は、擬態語（様子を表す言葉）に着目し、かつ動作化、役割読みを通して気持ちの読み取りを教えようという試みである。
- ワークシートと板書を共通化することや、動作化を取り入れることで、指導のねらいが実現している。また、個別の支援の工夫も十分な成果を上げている。

(石塚・川上)

── コラム ──

授業と学級経営

　子どもたちの仕事は，学校へ学びに行くことである。登校から下校まですべての時間を通して学ぶ。休み時間にも昼食の時間にも学びはある。しかし，一番多くの学びの時間は，もちろん授業である。授業がつまらなかったり，わからなかったりすることが続けば，子どもたちの学校生活は輝きを失う。一方，学級は居場所である。どんなに興味のある授業であっても，安心できる環境でなければ，集中して学ぶことは難しい。授業づくりと学級づくりは，独立して成り立つものではない。お互いが影響し合い，よりよいものへと発展する。勉強の得意，不得意はあっても，一時間の中に一つでも新しい学びや発見があること，間違っても大丈夫という安心感があることが大事である。

　授業は，子どもとともにつくるものであると思う。子どもたちの多くは，教師の授業力不足をあからさまに指摘せず，淡々と時間をすごす。教師との関係性の中で，我慢をしたり，わかったふりをしたりする。しかし，教師がその状況を自分の都合のよいように捉え，子どもたちの気持ちに気づかなければ，関係性は崩れる。いわゆる学級崩壊である。

　ずいぶんと前になるが，学級崩壊に近い状態にある学級を訪問した。教室の前列に座るほんの一握りの子どもたちだけを対象に学習が進められていた。教室の後ろでは，本を読んだり，友達同士でまったく授業に関係のないことをしたりしながら，時間を費やしている子どもたちがいた。子どもとのやりとりの中で授業は進められるわけだから，授業を進めている先生もつらかったと思う。表情も硬く，後ろの方の子どもたちを意識の外に置こうとしているようにも見えた。しかし，わかる部分や興味のある話になると，後ろにいる子どもたちのつぶやきが聞こえてきた。授業から外れているように見えても，関心はやはり教師や授業にある。

　子どもたちは学びに学校に来ている。子どもたちの関心をどう広げ，いかにつなげ，社会生活の基盤ともなる集団のルールを教えていくかが教師の醍醐味だと思う。そのためには，学校生活全般を見すえて，子どものよいところ，得意なところをどれだけキャッチできているか，できないことを子どものせいにしていないかなど，教師自身が自分を振り返ることが求められていると思う。授業づくりと学級づくりは，子どもの育ちを支える両輪である。

（冢田）

事例7 文脈から指示語の意味することを理解するのが難しいG児への支援 (小学校3年)

(1) つまずきの概要

○ 説明文において「それ」「それら」などの指示語が何を指すか理解できない。
○ 文章の音読に困難さがある。
○ 文章の要点をつかむことが難しい。

学習内容：説明文「すがたをかえる大豆」(全14時間)

内　　容：大豆がいかに工夫されて食されてきたかを工夫の種類ごとに例示することで、大豆のよいところに気づき、様々な形で食事に取り入れてきた昔の人々の知恵について説明された文。

教 材 観：一つの段落に、一つの食べ方の工夫がまとめてあり、段落構成を理解しやすい。
「はじめ」「なか」「おわり」の構成が明確で読み取りやすい。
身近なものから徐々に加工の工程が複雑なものの順に工夫が配列されており、段落構成の意図に気づかせることができる。
接続語が適切に使われているため、段落のつながりを把握しやすい。
児童にとって身近な食べ物であり、直感的に理解しやすいうえに、すべてが大豆でできているという驚きもあり、児童が興味をもって学習活動を進めることができる。
この単元の中心は、筆者の段落構成の意図を読み取り、そのよさに気づいて同じ構成で自分も説明文を書く、という活動である。その前提として、指示語が指すものを的確に理解できる必要があるため、本実践を紹介する。

授業の具体例：大豆をおいしく食べる工夫についての内容を読み取る（第二次第3時）

○本時の目標「大豆をおいしく食べるくふうをみつけよう」
○本時の流れ
　①導　入：前時までの振り返り，本時のめあての確認
　②展　開：「なか」（第3段落から第7段落）の音読，出てくる食品名と工夫の確認，作り方の読み取り（ワークシートの記入とグループ活動）
　③まとめ：学習の振り返り，ワークシートの記入
○G児のつまずき
　❶音読の困難　「たねはかたくなります」⇒「たね／はかたく／なります？」「やわらかくしてからにると」⇒「やわら／かくして／からにると？」
　❷語彙の理解　「さや」「消化」「いったり」「ひいた」「にがり」「むした」「ナットウキン」「コウジカビ」
　❸指示語の理解　「それは，大豆です」「これが，わたしたちの知っている大豆です」「その形のまま」「これに水を加えて」「それと，しおを」「これらのほかに，……食べ方もあります」「このように」
　❹意味のまとまりの理解　「大豆をその形のままいったり，にたりして，やわらかく，おいしくするくふう」「目に見えない小さな生物の力をかりて，ちがう食品にするくふう」

文章の意味を文節単位や段落単位で把握できず，指示語が何を指しているのか理解が難しいことから，指示語を含む文章理解に困難さがある（本単元を学習した時点では，「こそあど言葉」はまだ習っていない）。

(2) つまずきの要因

❶ 音読の困難

- 文字を，文節ごとのまとまりに分けて読むことに困難さがあり，平仮名ばかりの文が続くと読みにくい。
- 「てにをは」を認識しにくいため，誤読が多くなる。
- 文字をたどることが少し苦手で，動くものを目で追うことに若干の困難が見られる。

⇒言葉を文節ごとに分けることに困難さがあり，拾い読みになったり，自分の知っている言葉にミスリードされて読む傾向が強まる。

❷ 語彙の理解

- 体験したことがなかったり，見たことがなかったりする言葉をイメージできない。
- 一つの方略を学ぶとステレオタイプにそのまま当てはめて処理しやすい。
 ⇒食べ物を選べばいい。⇒「もちやだんごにかけるきなこ」の「もち」「だんご」も大豆でできていると誤解する可能性がある。

❸ 指示語の理解

- 指示語が何かを「指し示す」こと（現場指示）は理解できているが，代名詞として「入れ替える」ことができるということの理解が難しい。
- 指示語が指している要素（文脈指示）の理解が難しい。

❹ 意味のまとまりの理解

- 複数の物の共通点を見つけるといった処理に困難を示すため，「に豆」と「豆まきの豆」（両方とも形がそのまま），あるいは，「なっとう」と「みそ」と「しょうゆ」（どれも他の微生物の力を借りている）が同じまとまりとして一つの段落になっていることの理解が難しい。

(3) つまずきの要因に対する指導の工夫

❶音読の困難

- 最初に教師が範読する際，文節の切れ目で一呼吸おいて読み，平仮名が続いている文節の切れ目にスラッシュを入れるよう促す。自信をもって読めるようになったら消す。
- 本を机の上に置き，左手の人差し指で文章の左側をなぞりながら読むよう声をかける（G児は，ただ単に「文をなぞる」ことを促すと文章の上に指を置いてしまうため，拾い読みになってしまう）。
- 特に読みを間違いやすい言葉はマーカーで色をつけるよう促す。

❷語彙の理解

- 見たり聞いたりしたことなど，生活経験から想起できるようにする。
- 写真や絵など，視覚的な手がかりを活用する。
- 辞書だけでなく，料理本なども準備して言葉を確認できるようにする。
- 新しく知った言葉の意味を教科書に書き込むよう促す。
- 挿絵と単語を線で結ぶなど，文章と絵との関連を意識づける。

❸指示語の理解

- ワークシートと同じ形で黒板に全文を掲示し，指で指し示しやすくする。
- 「指で指し示す」「置き換える」意味のジェスチャーを取り決め，指示語が出てきたらジェスチャーをつける。指し示すときには「どれ？」と聞き，正しく理解しているか確認する。

❹意味のまとまりの理解

- 各段落ごとに，「くふう」「作り方」「食品名」を書き込むワークシートを用意し，複数の食品名に共通する「くふう」を視覚的に位置づける。
- 作り方をジェスチャーで示し，作り方の共通点をイメージさせて一つの段落を一つの意味のまとまりとして捉えさせる。
- 各段落ごとに切り分けて掲示し，五つの工夫がそれぞれ一つずつ段落になっていることが視覚的に理解できるようにする。

(4) 一斉指導における工夫

　支援を必要としている児童はG児以外にも複数おり，全体に対して働きかけた方がよい支援と，G児にのみ声をかけた方がよい支援とに分けられる。特に意味のまとまりの理解については，G児以外にもつまずいている児童が多いことが予想されたため，複数の手がかりを考えた。

	学習活動	指導上の留意点 ○全体　※G児への支援 ☆視覚的な手がかり
導入	○学習場面の音読をする。 ○学習のめあての確認をする。 　大豆をおいしく食べる工夫を見つけよう。	○二人組で，一文ずつ交代して，聞き手を意識しながら読む。 ※読んでいる箇所を指でなぞるよう声をかける。 ○前時までの振り返りをする。
展開	○大豆をおいしく食べる工夫についてワークシートに書く。※1 ・ワークシートに食品名を書きだす。 ・作り方をロールプレイする。※2 ・作り方の手順を箇条書きする。 ・工夫を一言で書く。 ○見つけた工夫を全体で交流する。※3 ・どうやって見つけたか話し合う。 ・工夫の数を確認する。	○「くふう」「作り方」「食品名」の欄を段落の下に表の形で書き込むことができるようにする。 ☆ワークシートにそれぞれの食品の写真を示し，文章から食品名を見つけやすくする。 ※食品名を正しく選んでいるか確認 ☆作り方の中にある指示語が指す物を，視覚的に理解できるようにする。 ※動きを表す言葉だけを箇条書きにするよう促す。 ○各段落の最初に「くふう」が書かれていたことを確認する。 ☆「これらのほかに」の表現に着目して指示語が示す要素を押さえ，五つの段落にそれぞれ一つずつ工夫が書かれていたことを確認する。
まとめ	○学習の振り返りをする。※4 　・一つの段落に，一つずつ工夫を見つけたよ。 　・段落の始めに工夫が書いてあったよ。	○ワークシートに「どうやってくふうを見つけたか」振り返ることで，読みの方略を意識した振り返りができるようにする。

すがたをかえる大豆　国分 牧衛　名前（　　　　）

めあて

	くふう	作り方	食品

③ いちばん分かりやすいのは、大豆をその形のままいったり、にたりして、やわらかく、おいしくするくふうです。いると、豆まきに使う豆になります。水をつけてやわらかくしてからにると、に豆になります。正月のおせちりょうりに使われる黒豆も、に豆の一つです。に豆には、黒、茶、白など、いろいろな色の大豆が使われます。

④ 次に、こなにひいて食べるくふうがあります。もちやだんごにかけるきなこは、大豆をいって、こなにひいたものです。

⑤ また、大豆にふくまれる大切なえいようだけを取り出して、ちがう食品にするくふうもあります。大豆を一ばん水にひたし、なめらかになるまですりつぶします。これに水をくわえて、かきまぜながら熱します。その後、ぬのを使って中身をしぼり出します。しぼり出したしるに にがりというものをくわえると、かたまって、とうふになります。

⑥ さらに、目に見えない小さな生物の力をかりて、ちがう食品にするくふうもあります。ナットウキンの力をかりたのが、なっとうです。むしたダイズにナットウキンをくわえ、あたたかい場所に一日近くおいて作ります。コウジカビの力をかりたものが、みそやしょうゆです。みそを作るには、まず、むした米か麦にコウジカビをまぜたものを用意します。それと、しおと、にてつぶした大豆に加えてまぜ合わせます。ふたをして、風通しのよい暗いところに半年から一年の間おいておくと、大豆はみそになります。しょうゆも、よくにた作り方をします。

⑦ これらのほかに、とり入れる時期や育て方をくふうした食べ方もあります。だいずを、まだわかくてやわらかいうちにとり入れ、さやごとゆでて食べるのがえだ豆です。また、ダイズのたねを、日光を当てずに水だけをやって育てると、もやしができます。

まとめ

ワークシートの例

2章　子どものつまずきへの対応の実際

※1　大豆をおいしく食べる工夫についてワークシートに書く

○教師が誤った答えを言う

　大豆からできているものを発表させるときに教師が「わかった！　食べ物の名前だから『もち』も大豆からできているんじゃない？」とあえて投げかけて，ほかの児童も意見が出せるようにする。

（効果）　発表では，G児は目についた「食品名」をすべて発表してしまいがちである。失敗経験を未然に防ぎつつ，「きなこ」を説明するために「もち」が出てきていることなど，他の児童の発言から自然に気づくようにすることができる。

○段落ごとに書き込む

　「くふう」「作り方」「食品名」を段落の下に表の形で書き込むことができるようにする。

（効果）　工夫ごとに段落を替え，読みやすくしている筆者の意図に気づかせることができる。また，みそとしょうゆのように，「食品名」が違っても「くふう」は同じグループであるということに気づくことができる。

※2　作り方をロールプレイする

○作り方を演示する

　「いったり」「ひいた」「むした」など，調理の動作を表す言葉について，教師や児童が動作化する。各言葉について，動きを視覚化する。

（効果）　文字だけではイメージをつかむことが難しい場合，演示とともに提示されると理解しやすい。また，児童がロールプレイすることで，集中力が持続しにくい子どもが「合法的に立ち歩く」ことで緊張を緩和できたり，言語で表現することが苦手な子どもが動作で他者に表現する機会を作ったりすることができる。

○指示語で「指し示す」

　指示語に「指さす」ジェスチャーを添えることで，指示語には，何かを指し示す働きがあるということを児童が理解できるようにする。

（効果）　指示語を見つけたときに，この指示語が何を指しているのかを探す

必要があるということに気づくことができる（ただし，G児は既にほぼ理解していた）。

○指示語で「置き換える」

「『それと』の『それ』って，どれ？」などと，適宜言葉を加えながら，指示語があった場所に，別の言葉（あるいは示されている要素）をもってきて「置き換える」ジェスチャーをする。

- 「『それ』って，これのことね！」(指し示す働き)
- 「この言葉が，ここに入るのね」(置き換える働き)

（効果）　指示語の働きにある代名詞としての働きを視覚化することで，「これ」「それ」などの指示語を，別の言葉に「置き換えて」読めばよいことに気づくことができる。また，段落全体を指し示していることなどにも気づくことができる。

ジェスチャーの意味を統一する

※3 見つけた工夫を全体で交流する

○工夫の数を確認する

「これらのほかに」という言葉を手がかりに，食べ方の工夫は全部でいくつあるか問い，「これら」が指し示すものについて確認する。

（効果）「これら」は，段落ごとの食べ方の工夫を指していることに気づくことができる。

○工夫の見つけ方を確認する

「食べ方の工夫を見つけるコツがあるかな？」と児童に問いかけ，どのよ

うにして工夫を見つけたか，言語化させる。

（効果）　筆者が，各段落の始めに食べ方の工夫を書くことで段落全体の内容をわかりやすく表現していることに気づくことができる。

※4 学習の振り返りをする

○読みの方略を言語化する

「どんな読み方をしたから『くふう』を見つけることができたのか」を問い，自分たちが行った読みの方略を言語化させる。

（効果）　その時間に国語科として何を学んだのかを明確に押さえることができる（G児のまとめ：「文の近くに写真がある。一番大切なことは始めに書き，例を挙げて説明する」）。

(5) 個別学習・家庭学習における工夫

○G児は，小学校1年生から通級による指導を受けており，行動観察からG児の学び方の特徴が明らかになってきている。

〈視覚的に学べる支援〉

○G児は，入学当初から，一文字では意味をもたない平仮名の習得に困難を示してきた。何とか，音と文字の対応を覚え，2年になってからは，「てにをは」以外については正しく文字を書けるようになった。

○1年生で「口」という字を習ったとき，G児は□と書いた。口の形からイメージした文字の形をそのまま記述したと推察された。彼が視覚的な情報に左右される可能性が高いことを踏まえ，以降，絵と同時に漢字を提示する方法で，G児は効率的に漢字を覚えることができるようになった。

〈ビジョントレーニングの有効性〉

○音読の困難についてアセスメントを進めていくうちに，目の動きのぎこちなさに通級指導担当が気づき，ビジョントレーニングを行ってきている。

〈まとまりとして考える支援〉

○文章を，意味のあるかたまりとして捉えることが難しいため，ある程度長い文章を，絵にしたり動作化したりする活動に取り組んできた。

教　科	目　標	支援の手立て	評　価
	○文章の文節を捉える。	・たくさんの平仮名が書かれた表から，生き物の名前を見つけるゲームをする。	・平仮名ばかりの文章を文節に分けることができる。
	○代名詞について理解する。	・「それ」が指し示す言葉を文章中から見つけて当てはめて読む。	・指示語が指し示す単語を当てはめて読むことができる。
	○好きなアニメについてわかりやすく話す。	・好きなアニメのストーリーを話すことが好きなので，一枚の絵を描いて，そのストーリーを教師に話す。	・自分が見たアニメ番組の内容をわかりやすく話す。

①導入（学習への意欲づけ）

- 文字を適切に区切って，言葉として認識する遊びとして，右図のようなゲームをする。
- 生き物でない言葉を入れることで，思い込みでぱっと答えず，前後に気をつけて生き物の名前を探すように声をかける。
- 1分で何個見つけられるか，チャレンジする。

いきものをさがせ！

しんぶんしまうまえのかくをちなみまえびんかえみばべとこあらるたるずいたずらいおんいつべねこかうふうせんまむろうたうえんぴつけずりす

②展開1（指示語の理解の補充学習）

- G児は，指示語の「指し示す」働きは理解できているので，代名詞としての，「置き換える」働きを視覚的に理解できるよう，例題を文節に区切ったカードを作り，（　）内に置いて，合うものを見つけるという活動を行った。

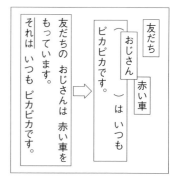

③展開2（長い文章を一つのかたまりとして捉える）

- G児はアニメが大好きで，教師に説明したがる。そこで，まずG児にアニメの絵を描いてもらい，語ったストーリーを教師が聞き取り，文章化してみせた。授業でよく見られる，文章からイメージを作るという体験とは逆

に，自分のイメージが文章化される経験から文章とイメージをつないだ。
④まとめ（生活，学習につなげる）
- 指示語が示すものを，置き換えてみて確かめることのよさを確認する。
- 家庭学習でできることを伝える。

○家庭学習の工夫
- ジェスチャーを添えて，意味を伝える。
- G児は，指示語を日常生活でよく使うため，「それ」「これ」などの言葉をG児が話したとき，「え？　どれ」と聞き，言葉で説明させる。

(6) 評　価

　本時の評価のポイントは，大豆をおいしく食べるための「くふう」が，各段落に一つずつ書いてあり，しかも段落の始めに食べ方の工夫を提示することで，読者にわかりやすく伝えようとしている筆者の表現の工夫に気づくことである。そのためには，「これらのほかに」などの指示語が指し示しているものが，段落の要点である「食べ方のくふう」であることに気づけたかどうかを確認することが欠かせない。

○指導の工夫をする中での具体的な評価には，
- 知らなかった言葉について，ジェスチャーを手がかりに理解できる
- ワークシートで，大豆からできた食品名を正しく挙げることができる
- 指示語が指し示すもの（現場指示）を正しく答えることができる
- 指示語が指し示す要素（文脈指示）としての「食べ方のくふう」を正しく答えることができる　などが挙げられる。

　G児自身の自己評価とともに，授業者もG児や他児の学習活動を適切に評価し，指導者の指導のあり方について評価することが大切である。

○一斉指導
　まずは，正しく大豆でできている食品名を列挙できたか，また，一つの段落に一つだけ，大豆をおいしく食べる工夫が書かれていることについて気づき，ワークシートに記述できたか，など，文章の意味を正確に理解できてい

るか確認する。さらに，一つの段落に一つの工夫が書いてあり，「それら」と言われたときに，文脈を捉えて五つの「食べ方のくふう」を指し示すことができたかについても確認する必要がある。

○個別指導

　G児は，今までの経験から「これ見て」「あれ，なあに」など，指示語には触れてきている。指示語が何かを「指し示す」働きをするものであるということはおおむね理解できていると思うが，指示語が明確に何を指していると考えたか，ていねいに確認する必要がある。

　G児は，指示語の代名詞的な働きについては今まで知らなかったと考えられる。そこで，ジェスチャーなどで指示語の「置き換える」働きを視覚化して学習してきた。個別指導で，指示語について補充的に学び，置き換えるという読み方で，ぴったり当てはまる言葉（文の要素）を見つける方略を身につけたかについては，ワークシートで確かめたり，実際に当てはめて読んだりするなどの活動から評価したい。

（清岡・谷）

使用教科書：『国語 三下 あおぞら』光村図書（平成25年版）

Point
- 在籍学級での指導と通級指導教室のそれぞれの担当者がつまずきを共有し，対象児童に自信をもたせるためにていねいに連絡を取っていたであろうことがうかがえる，すばらしい実践である。
- 今，学習している単元が何を指導することを大切にしているのか，そして，どのような学習の困難さが予想されるかを克服するためには，授業研究，子どもの理解，関係者の協力の三つが一体化していなくてはならない。特に，通級による指導の担当者が，教科の補充指導だけではなく，自立活動の指導（ビジョントレーニング）にも取り組み，成果を上げていたことが高く評価できる。
- ロールプレイや合法的な立ち歩きを取り入れるなど，対象の子どもの特性に応じた対応が高く評価できる。
- 文節単位の把握のための工夫も生かされていることから，対象の児童の成長が十分に促されたと考えられる。

（石塚・川上）

―― コラム ――

「教科書で教える」を考える

　教科書は，各出版社が学年相応の学習指導要領の内容を網羅しつつ，発達段階や子どもたちの興味関心を考慮し，教材を系統だて配列してある。どの出版社のものを取り上げても，よく考えられていると思う。しかし，各出版社の考え方があり，まったく同じものはない。同じ材を取り扱っていても，まったく同じ切り口はない。時代のニーズに応じたベストなものをと考えてつくられてはいるが，それは，決して完璧ではないということである。それを，いかに高次のベストに近づけられるかは，教科書を扱う教師に委ねられた責務である。

　同じ教科書の同じ単元を取り上げた授業を見る。なんとすばらしい授業内容になっているかと感動することもある一方，もう少し工夫の余地があるのではないかと思うこともある。それは，教材研究の不足に起因していることが多いように感じる。つまり，教科書の中で与えられたものの表面をなぞるだけであり，そこで何をふくらませたいのか，思考を広げるためのどんな工夫があるのかがわからない。また，子どものニーズやこれまでの学びの足跡と一致していない…ということだ。

　最近，マニュアルをほしがる教師が増えてきているように感じる。学校マニュアルなどというものがあったとしても，マニュアル通りには進まない。子どもの発想は豊かであり，私たちが予想しなかった視点で感じたり考えたりすることがある。そのときに「マニュアルにないから，対応できません」と言うわけにはいかない。教師が子どもの発想を柔軟に受けとめ，今取り上げるべき発想なのか，他の場面で生かす発想なのかを判断していかなければならない。より柔軟でより適切な判断を支えるものが，教師の技量である。

　「教科書で教える」ということは，その教材のもつ背景や広がりをどれだけ考えて授業を行っているか，その学級の実態をどれだけ把握して授業を展開しているかということではないだろうか。そのうえで，一斉指導ではわかりにくさを抱える子どもたちへの具体的な支援方法を考える。この具体的な支援方法は，多くの子どもたちにも有効である。授業を発展的に進めることとていねいに進めることの二つの視点があることで，その教材は生かされ，指導の効果も得られるのだと思う。

(冢田)

事例8

物語文において擬人法を理解することが難しい生徒Hへの支援

(中学校1年)

(1) つまずきの概要

○登場人物の心情を読み取ることが難しい。
○文章からイメージを広げることが難しい。

学習内容：物語文『少年の日の思い出』（全7時間）

内　　容：少年時代にちょう集めのとりこになってしまった「僕」が，その情熱ゆえに隣家の少年エーミールのちょうを盗んでしまい，不幸にもそれを壊してしまう。しかも犯してしまった罪はエーミールに対して償うことができず，「僕」は自らの手で収集したちょうを粉々に押しつぶしてしまう。そのやるせなく後味の悪い結末は，「僕」の心の中に数十年たった現在も傷を残している……という物語。

教　材　観：【全体】

- 作品に描かれているものの見方や考え方を通して，自分自身に置き換えて考えられる。
- 作品の構成や展開，登場人物の心情の移り変わりなどを読むことができる。
- 優れた表現に触れることで，多用な語句について理解を深めることができる。

【生徒H】

- 場面ごとに，誰が出ているのか登場人物を読み取ることができる。
- 登場人物の見方や考え方を説明できる。
- 多様な語句（表現技法）を辞書や資料集で調べ知ることができる。
- 本文にある擬人法を見つけ，線を引くことができる。

授業の具体例：後半部分の場面「クジャクヤママユを盗んでしまう僕」
　○本時の目標　全　体：クジャクヤママユを盗んでしまう「僕」の心情を読
　　　　　　　　　　　み取る。
　　　　　　　　生徒H：表現技法を辞書や資料集を活用して知る。
○本時の流れ
　①導　　入：本時のめあてを確認する。
　　　　　　　「僕」が捉えている，「僕」とエーミールの対象的な境遇を確認する。
　②展　　開：後半部分の場面を読む。
　　　　　　　・盗んでしまった理由がわかる箇所を抜き出す。
　　　　　　　・擬人法の効果を確認する。
　　　　　　　・盗んでしまった理由を全員で考え，まとめる。
　③まとめ：学習の振り返りをする。
　　　　　　　・「僕」の心情を読み取れたか。
　　　　　　　・擬人法の効果について確認できたかについて振り返る。
○生徒Hのつまずき

❶場面・状況の想像
・登場人物の見方や考え方が想像できない。
・情景描写（表現技法）を使った文の理解が難しい。
　「羊毛のような毛」「恐れをなす」「自分自身におびえる」
　「もう大きな少年」「四つの大きな斑点が，挿絵のよりはずっと美しく，
　ずっとすばらしく，ぼくを見つめた」など。

❷読み取り
・スムーズな音読ができない。
・場面ごとに誰が出ているのかわかりにくい。
・場面の流れや状況の変化を読み取りにくい。
・意味を知っている語彙が少ない。
　「そのとき」「幾度」「展翅板」「優雅」「あいにく」「さしずめ」「下劣」
　「悟る」「繕う」など。

(2) つまずきの要因

❶場面・状況の想像

- 客観視，他者視点に立つことができない。
- 象徴機能（イメージ）がわからない。
- 比喩・擬人法といった表現の知識が少ない。
- 比喩・擬人法の意義の理解が難しい。
- 経験がないことは想像しにくい。⇒ （例）「自分自身におびえる」

❷読み取り

- 登場人物の行動や心情，および時系列的な変化を読み取りにくい。
- 語彙が少なく，言葉自体がわかりにくい。
- 文脈や主述，修飾・被修飾などの関係が読み取りにくい。

(3) つまずきの要因に対する指導の工夫

❶場面・状況の想像

- 表現の内容や場面ごとの内容に合う絵を選べるようにする。
- 人物の心情の想像については，選択肢を用意する。
- 挿絵など，視覚的な手がかりを活用する。

❷読み取り

- 難語句については，辞書で意味を確認する。
  （時間があれば，身近な事柄や興味のある事柄を使った用例を示す。）
- 写真や挿絵など，視覚的に確認できるものは活用する。

(4) 一斉指導における工夫

　支援を必要とする生徒Hに対する工夫は，他の生徒にとっても有効な手立てとなることがある。わからない言葉を，誰もがすぐに調べられるように，授業中は常に辞書を用意しておく（可能であれば，挿絵のある電子辞書がよい）。
　また，できるだけ机間指導を増やしながら，模範的な考えを取り上げ，板書

2章　子どものつまずきへの対応の実際

して全体に紹介するなど，他の生徒にもヒントになるようにしていく。

	学習活動	指導上の留意点 ○全体　※生徒Hへの支援 ☆視覚的な手がかり
導入	○学習のめあてを確認する。 　　クジャクヤママユを盗んでしまった理由を読み取ろう。 ○僕が捉えている，僕とエーミールとの対象的な境遇を確認する。	※事前にルビを振ったり，単語の切れめに線を引いたりするなどを促し，読み取りに必要な手がかりを記入しておく。 ※生徒Hの学習のめあてについては，授業者が机間指導中にノート（ワークシート）に記入する。 ※前時までのノートまたはワークシートに記載されている（記入した）登場人物二人の関係を確認する（授業者が記載されている箇所を指さす）。
展開	○学習場面を読み取る。 ・後半部分の通読をする。 ・わからない言葉の確認をする。 ・本文の中で，クジャクヤママユを手に入れるまでの「僕」の心情がわかる箇所に印をつける。 ・抜き出した部分を発表し合い，共有する。 ○盗んでしまった理由について考える。 ※1	※読んでいる箇所を指でなぞるように声をかける。 ○席の順番に通読していくことを指示する。 ※音読の順番が回ってきたら，どこから読むのか指でその箇所を伝える。 ※読む範囲を少なめに指定する。 ○わからない言葉を辞書で確認する。 ※机間指導しながら辞書を使用して確認する。 ○「僕」の心情の高まり，変化に注目させる。（気づきたい気持ち） ・興奮して　　・待ちきれない ・紙切れを取りのけたい ・宝を手に入れたい　など ※四つ以上あることを指摘し，一つ見つけることを目標とする。 ○抜き出した部分を発表し，「僕」の心情の高まりや変化がわかることを確認する。 ※自分で見つけられなかった部分は，他の生徒の発表を聞いて，教科書に印をつけるように提示する。 ○「十歳のときの熱中ぶり」と「盗む」という意識はなかったことを確認する。 ※前時までのワークシートを確認し，ワークシート中の「僕がどんな少年だったか」記入されている箇所を授業者が指さす。 ※「盗んでしまった理由」に該当する箇

		所のページや範囲を限定するなどして，教科書から抜き出せるようにする。
	○表現技法の効果を確認する。	○登場人物の強い欲望を表す技法として，擬人法が使われていることを確認する。 ※擬人法そのものの意味がわからなければ，辞書で調べてみる。
	・本文中の擬人法に印をつける。	※本文のどこに書かれているのか確認して，一緒に印をつける。
	・擬人法とは何かを確認後，共有する。	☆「擬人法」は色を変えて板書する。
	・ワークシートに擬人法について記入する。※2	○ワークシートを配布する。
	・擬人法を用いた文を抜き出し，また使わないときの文を自分で考えて書かせる。	○使った場合と使わない場合を比べ，擬人法には，そのものを生き生きと身近に感じさせる効果があることを確認する。 ☆斑点が見つめている絵を貼り出す。 ※比較するための方法を次の①②に示す。 ①本文で擬人法が使われている文を抜き出して書かせる。 ②抜き出した部分を擬人法を使わない表現に直す。 　例：「見つめた」⇒「見えた」
	・ワークシートに記入したことを発表する。	※書けなかった場合は，他の生徒の発表を聞いて，板書を書き写す。
	○なぜ盗んでしまったのか，全員で考え，まとめる。	○まとめが適切なものになるよう，「無意識に手が伸びてしまった」「収集したと変わりがなかった」などの表現に着目させる。 ※「盗むつもりはなかった」ことを，再度口頭で確認する。
まとめ	○学習の振り返りをし，自己評価する。	○本時の学習内容を振り返り，自己評価表に記入する。 ・僕の心情が読み取れた。 ・擬人法の意味と使われている箇所がわかった。 ・意欲的に読めた。　など ※全体の自己評価表と併せて，生徒H用の自己評価表を机間指導中に渡す。 ・比喩・擬人法という表現があることを知った。　など

2章 子どものつまずきへの対応の実際

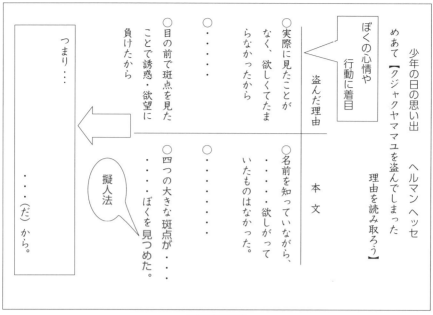

板書計画の例

※1 盗んでしまった理由について考える（全体）
　　表現技法を確認しながら，範囲を限定して教科書から抜き出す（生徒H）
○盗んだ理由を挙げる
　盗んだ理由は，本文の叙述をもとに，自分で考えたこと，思ったことを自由に発表できるようにする。その理由が，本文中のどの表現からきているのか考えることができる。
○表現技法の確認
　盗んだ理由を本文から抜き出したときに，表現技法が使われていることを示す。擬人法を使うことで印象が強まり，臨場感が出ることで「斑点がとても目立っていた」ことが確認できる。
○まとめ
　板書を確認しながら，なぜ盗んでしまったのか全員で考えてまとめる。「僕」の心情の高まり，変化を読み取れているか確認できる。

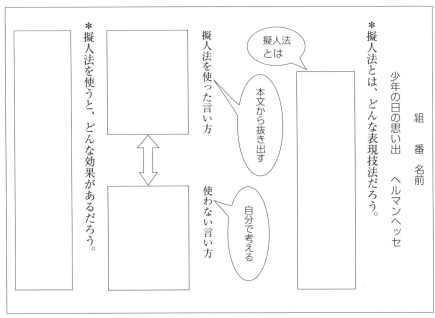

ワークシートの例

- ※2 ワークシートに記入する（全体）

    比較する方法を示し，ワークシートに記入する（生徒H）

○擬人法について

　擬人法とは，どんな表現技法なのか記入する。辞書や資料集を使ってもよいことを指示する。擬人法を使った言い方と使わない言い方を比較することで，効果の確認ができる。

　例：使わなかった言い方「見えた」

　　　使った言い方「見つめた」など

○擬人法の効果について

　擬人法を使うことで，生き生きと身近に感じさせる効果がある。

(5) 個別指導・家庭学習における工夫

○個別指導の例

　教科書教材から心情を読み取るなど，学習内容そのものだけでなく，より平易な教材（絵カードやワークシートなど）で，心情を想像する活動を日頃より経験することが大切である。

※3　場面を読み取ろう（人物の心情とその理由を説明する）

「プレゼントをもらってうれしい」場面における指導の流れ

絵カードの登場人物を指さし「どんな気持ちだと思う？」と質問する。	登場人物の心情を答える。	適切な心情を答えたらほめる。	表情（例：笑う，泣く）を答えた場合は「気持ちは？」と聞く。気持ちの文字カードを選択させる。
「なぜそう思ったの？」と質問する。	思った理由を説明する。	適切な理由を説明したらほめる。	指さしで絵のポイントとなる箇所に注目させる。

- 理由を的確に説明できるように絵のポイントに注目できるようにする。
- ワークシートを用いて，感情と理由の対応関係に気づくようにする。

○家庭学習の例

　保護者の健康や心理的状態，ストレスや，ストレスをもたらす要因などを踏まえて，無理なく実行できるような支援内容にすることが大切である。

　例えば，TVやDVDを見た後や漫画を読み終えた後に「○○は△△のときどんな気持ちだったのかな？」と意識するよう促す。日常生活の場面でも，「アイスクリームを買ってきたとき」「お菓子を食べたとき」など気持ちを意識させることで，国語の学習（物語文）の中の心情につなげていくことができる。

また，短い時間で楽しめる言葉遊び（連想ゲーム，しりとりなど）をすること，読書する機会を与えること，日常的に表現技法（比喩・擬人法）を使うなど工夫も大切である。

(6) 評 価

本時の評価のポイントは，クジャクヤママユに対して「僕」が抱いていた心情を読み取っているかどうかである。具体的には，時間・場所・出来事などに着目して作品の構成や展開を捉え，本文に即して登場人物の心情の移り変わりを読み取らなくてはいけない。

○一斉指導
- 誘惑や欲望に負けて盗みを犯すが，その理由を本文から抜き出せたか。
- 盗んでしまった理由と，「満足感のほか何も感じていなかった」ことを読み取り，まとめられたか。

○個別指導
- 誘惑や欲望に負けて盗みを犯すが，その理由を本文から一つでも見つけられたか。
- 「盗んでしまった理由」を該当する箇所のページや範囲から読み取れたか。また，「満足感のほか何も感じていなかった」ことを読み取れたか。
- 視覚的な手がかりを活用することで，表現技法を知ることができたか。
- 難語句については，積極的に辞書を活用することができたか。　　　（熊谷）

使用教科書：『国語　1』光村図書（平成25年版）

Point
- 擬人法の効果がわかるようにするための指導の例である。実際の工夫として，心情がわかる部分が印象に残るよう印をつける，擬人法を使ったときと使わなかったときの理解度を比較する，板書とワークシートを強力にリンクさせ，理解しやすくしている点に留意したい。　　　　　　　　　　　　　（石塚・川上）

── コラム ──

LD（学習障害）の判断と支援

　LD（学習障害）の判断方法は揺れている。米国では，2004年の個別障害者教育法（IDEA）において，IQと学力のディスクレパンシーがLD判断の必要条件から外され，RTI（response to intervention：指導への反応）によって判断することが認められた。RTIは，第1段階で学級の中で科学的根拠に基づく指導を行い，それに反応しない低学力の子どもたちを第2段階の小グループで集中的に指導し，さらに反応しない子どもは特別なニーズのある子どもとして第3段階で対応するというものである。RTIは科学的な根拠のある指導がなされ，早期につまずきに介入できるというよさがあるが，真に科学的な根拠に基づく指導とは何かや，指導による伸びの評価方法はどのようなものかについての明確な答えは見つかっておらず，第3段階でどのような教え方にも反応しない支援ニーズのある子どもたちが明らかになっても，適した指導方法はわからないという問題がある。また，ギフテッドの子どものつまずきは，平均との比較で評価するRTIでは見すごされてしまう。こうした現状を受け，LD判断における生育歴，言語能力，学力，認知能力を含む包括的な評価の重要性が再認識されている。

　LDの判断と効果的な指導のためには，学力が単に低いことだけではなく，どの領域に，どの程度のつまずきがあり，どのようなつまずき方をしているのかについての把握が必須である。日本においても，これらを可能にする学力アセスメントの開発が進んでいる。また，認知能力に遅れがないことだけでなく，どのような認知能力の強さと弱さがあるのかについての評価も欠かせない。既に，WISC-Ⅳなどの理論的根拠をもつ認知検査があり，認知や発達に精通した心理士などによって実施されている。そして，何よりも大切なのは，認知的な強さと弱さ，そして，学力における強さや弱さとの関連を整理し，学習困難の背景を理解し，困難を解決する効果的かつ現実的な方法を見いだすことである。学力に詳しい教員と認知に詳しい心理士などとがタッグを組むことで，LDをはじめとする学習困難に苦しむ子どもたちのSOSに応えることができるはずである。今こそ，個人の力量を磨き，チーム力を高めるときである。

（名越）

説明文での要旨や学習材の要約, 要点をまとめることが難しいI児への支援

(小学校3年)

(1) つまずきの概要

○聞き慣れない語句が多く, 学習意欲が低くなりやすい。
○段落ごとの要点をまとめることが難しい。
○段落相互の関係を理解することが難しい。

学習内容：説明文「ありの行列」（全8時間）

内　　容：ありの行列ができるわけを記した観察報告文である。研究者ウィルソンは, ありの巣から少し離れたところに砂糖を置いたり, ありの道筋に大きな石を置いたりして, ありがどのような反応を示すか観察した。また, 地面に何か道しるべになるものをつけておいたのではないかという仮説を立て, 実証した過程が報告されている。

教 材 観：日頃あまり目を向けることはないが, 子どもたちの身近に存在するありという生き物の生態に触れることができる。
「はじめ・なか・おわり」という大きなまとまりに分かれており, それぞれのまとまりがもつ「問い・調べたことや考えたこと・答え」という役割がわかりやすい教材である。

授業の具体例：形式段落4・5の要約（第4時）

　○本時の目標　接続語に着目して読むことを通して, 形式段落4・5に書かれている内容を読み取る。

　○本時の流れ
　　①導　　入：単元における本時の位置の確認
　　②展　　開：形式段落4・5の音読, 要点をまとめるための読み取り
　　③まとめ：学習の振り返り

○Ⅰ児のつまずき
- ❶音読への抵抗　行をまたぐ文節や単語の読み
- ❷語彙の理解　「道すじ」「さえぎる」「みだれる」「ちりぢり」「目的地」「つぶ」「かんさつ」「道しるべ」
- ❸接続語の働き　「次に」「すると」「ようやく」「そして」「そのうちに」「また」
- ❹指示語の働き　「この」「これら」
- ❺事実と意見の区別　文末表現の確認

(2) つまずきの要因

❶音読への抵抗
- 文節や単語に区分することが難しい。
- 行をまたぐ文節や単語の読みが難しい。
- 一行を正しく目で追うことが難しい。

❷語彙の理解
- 語彙が少なく、言葉そのものがわかりにくい。
- 聞いたことがあったり、辞書などで調べて知っていたりするが、そのもののイメージが難しい。

❸接続語の働き
- 語彙の理解が難しいために文の意味が理解できず、文と文の関係が読み取れない。そのために、接続語の働きに気づきにくい。

❹指示語の働き
- 指示語の指す内容がどこに書いてあるか気づきにくい。

❺事実と意見の区別
- 前段落までに行ってきた手順で、文末表現に着目しながら事実と意見の区別を確認する必要がある。

(3) つまずきの要因に対する指導の工夫

❶音読への抵抗

- 教科書本文に，スラッシュなどで文節ごとに区分しておく。
- 必要に応じて，文節や単語が行をまたがないように本文を書き改めたり，文節ごとに分かち書きしたりしたものを用意する。
- 読んでいるところを指でなぞったり，一行ごとに読むことができるようなスリットを用意したりする。

❷語彙の理解

- 単元のガイダンス時に，聞き慣れない語や新出語句を全員でチェックしておく。
- 新出語句については，辞典を用いて全員で確認する。
- 文の表している内容を写真や絵を用いて視覚化する。

❸接続語の働き

- 一文ごとに短冊を用意し，構造的に板書する。接続語の働きが明確になるように，接続語は別の色にする。
- ❷で用いた写真や絵を一緒に提示する。

❹指示語の働き

- 基本的には，指示語よりも前に指し示す内容が述べられていることを確認する。指し示す内容との距離を「こそあど言葉のものさし」で視覚化して示す。

❺事実と意見の区別

- 段落内の文章を一文ずつに分ける。前段落までと同じように文末表現に着目して，事実と意見に区別して確かめる。

(4) 一斉指導における工夫

　段落ごとに要旨をまとめたり，それぞれの段落を関連づけたりすることに，苦手さを感じている児童の実態を受けて，書かれている内容をより理解しやすいように視覚的な手がかりを多く取り入れるようにする。他の児童にとっても，文章の構成や表現などに着目しやすくする手立てとなる。

　また，本単元では，単元の終末に同じ題材による個々の興味関心に応じた報告活動を設定することで，個の願いや思いに応じて児童の多様さに応えるようにする。以下の単元マップに示すような構成にした。

一単位時間においても，導入で単元における本時の位置を確かめ，「単元の終末で『ありのひみつ　ほうこく会』を開くために，報告の仕方のコツを学ぶ」という必然性をもたせるようにした。

	学習活動	指導上の留意点 ○全体　※Ⅰ児への支援
導入	○単元における本時の位置の確認 ○学習のめあての確認	○単元マップをもとに，本時の位置を確かめる。
展開	○形式段落4・5の音読 ○形式段落4の構成の確認 ・教師の範読を聞きながら本文を読み，何文からできているかを確かめる。※1 ・二度目は，接続語と写真などを手がかりに内容を確かめる。※2 ・三，四度目は，仲間とペアを組み，音読する者と動作化する者に分かれて内容を確かめる。※3 ・全体で交流する。 ○形式段落5（一文）の読み取り ・「これら」の指し示す内容を確認する。 ・全体で「これら」に置き換えられる内容を確かめる。※4 ○ワークシートに形式段落4・5の要点を書き入れる。※5	※事前に，本文をスラッシュなどで文節区分しておく。 ※読んでいる部分を指でなぞるように声をかける。 ○教師の範読を聞きながら，何文あるかを確かめるよう伝える。 ※句点（。）を手がかりにするとよいことを教える。 ○短冊に書いた接続語と写真や絵を用いて，読み聞かせるようにする。 ○ペアで，読み取った内容を共有できるようにする。 ※ペープサートやありに見立てたブロックを用いると有効であるが，過刺激になる場合は手を使った表現のみで行う。 ○「これ」ではなく，「これら」と複数であることを確かめる。 ※本時，ワークシートのどこに書き入れるかを確かめる。
まとめ	○学習の振り返り※6 ・接続語に着目することで，書かれている内容が読み取りやすくなることを確かめる。	※①本時にしたこと，②わかったこと，③仲間から学んだことの観点で振り返る。①と②を書けることをめざす。

2章 子どものつまずきへの対応の実際

```
ワークシート（拡大）
```

	5	4	3	2	1
			はじめに、ありの巣から・・・	ウィルソンという学者は・・・	なぜ、ありの行列ができるのでしょうか。

だいニの実けんとかんさつについてのまとめ
からほうこくのしかたを学ぼう。

① 四だんらくを一文ずつ読んだ。
行列の道すじに大きな石をおくと、どうなるかを観察していた。
② つなぐ言葉に気をつけて読むといい。

板書計画の一部

※1 **教師の範読を聞きながら本文を読み，何文からできているかを確かめる**

○一文を見つける

　文は句点で区切られているという特徴を理解し，範読を聞きながら，いくつの句点で区切られているかを確かめる。

（効果）　句点という目で見てわかるものを手がかりにすることで，することが明確になり，学習意欲が持続しやすくなる。

※2 **接続語と写真などを手がかりに内容を確かめる**

○一文ずつ読む

　まずは，句点で区切られた一文に着目し，文に書かれている内容を読み取る。

（効果）　段落というまとまりであっても，聞き慣れない語句が多いこともあり，情報過多に感じやすい。一文だけに着目することで，情報整理や関連づけが苦手な児童も取り組みやすくなる。

○接続語を手がかりにする

　段落内にある接続語は，事前に色画用紙の短冊に書いておく。短冊を見せながら，読み聞くようにする。

（効果）　接続語が文と文をつないでいることに気づくことができる。どのようにつないでいるかは，読み取りとともに進めていく。

○写真や絵を示す

　「ありの行く手をさえぎる」様子や，この場面でいう「目的地」とは「さとうのつぶ」があるところを指すことを写真や絵で示す。

（効果）　語そのものは知っていても，イメージはもちにくい。「さえぎる」とはどのような動きを表すのか，「目的地」とはどこを指しているのかがわかりやすくなる。

※3　ペアを組み，音読する者と動作化する者に分かれて内容を確かめる

○ペアを組んで交流する

　音読練習とともに，読み取った内容を動作化する。ペープサートやありに見立てたブロックなどを用いるとよりイメージしやすいが，物が増えることで集中しづらくなる場合は，握った手を石に，もう一つの手指をありに見立てて交流する。

（効果）　仲間の音読に合わせて動作化したり，また仲間の動作化に合わせて音読したりすることで，互いのイメージを共有しやすい。

※4　「これら」の指し示す内容を確認する

○「これら」の指すものを確かめる

　「こそあど言葉のものさし」を用いて，「これ」に対して，「これら」は複数を指していることを確かめる。

（効果）　指示語の種類と「これら」がどこに位置づくかがわかることで，自分で「これら」に置き換えられる部分を見つけだそうとする意欲につなげやすい。

○「これら」に置き換えられる部分を見つける

　本文中の指示語よりも前に，その部分があることを確かめたうえで，自分

が置き換えられそうだと見つけてきた内容を交流する。

(効果)　本時で取り上げていることもあり,「大きな石」を置く実験を見つけだしやすい。加えて,接続語や「これら」という複数を指す指示語の指導と,仲間と交流することで,形式段落3の内容も導きやすい。

※5　毎時間同じワークシートに立ち戻る

○形式段落4・5の要点をまとめる

　ワークシート1枚に,すべての形式段落の要点がまとめられるようにする。

(効果)　単元の進度がわかり,これまでのまとめ方を振り返るための手立てとなる。前段落のまとめから,本説明文では段落の始めの部分で要点が述べられていることに気づきやすい。

※6　本時でしたこと,わかったことを振り返る

○三つの観点で振り返る

　本単元の終末では,『ありのひみつ　ほうこく会』を開くことが予定されている。毎時間「報告会のために,本文より報告の仕方のコツを学んでいる。」ことに立ち返り,子どもたちにそのコツを自分の言葉で振り返るようにしたい。

　実態に応じて,コツとしてつかみきることまでできなくても,「何をすればよさそうか。」ということはわかるようにしたい。そこで,「(i)本時でしたこと」「(ii)わかったこと（コツ）」「(iii)仲間から学んだこと」という観点で振り返りをする。

(効果)　「(i)本時でしたこと」であれば,どの子も板書にある「めあて」を書くことができる。さらに,何文からできているかを確かめたことや短冊に書いた接続語に合わせて音読したこと,ペアと動作化しながら音読したことなどを細かく書いていくことを通して,これらの活動の中にコツがあることを次第につかんでいくことができる。また,仲間をモデルにしながら学習していく子であれば,全体での交流のときに「○○さんが『つなぐ言葉を手がかりにした。』と話していた。」など,仲間の発言をなぞることで,コツをつかんでいくこともできる。

(5) 個別指導・家庭学習における工夫

○本時を個別指導で行う場合については，過刺激になりやすいために，あえて使わなかった手立てを取り入れるとよい。

○次時の学習がスムーズに始められるような準備と，本時で学習したコツに関わる部分の復習ができるとよい。

○個別指導の例

　①導入（学習への意欲づけ）

　　・「ありの行列」への関心をもつ活動

　　　（i）「あり」に関わる本（一部）の読み聞かせ

　　　　　単元終末で図書館での調べ学習を行うが，関係図書の分類を探したり関係のある部分を見つけだしたりすることが難しい。そこで，個別指導の場で選書したものに触れたり，教師が作った紙芝居を見たりする。

　　　（ii）「ありのひみつ」クイズ

　　　　　前時までの学習内容を三択のクイズにして出題する。クイズに答えることを通して，本文の内容を復習する。

　②展開（在籍学級での学習を中心に）

　　・形式段落4の構成を確認する際に，ペープサートやありに見立てたブロックを用いて動作化しながら音読する。

　③まとめ（次の時間につなぐ）

　　・「（i）本時でしたこと」「（ii）わかったこと」の観点で振り返る。仲間をモデルにすることができないため，他学級や前時までに学級の仲間の様子を動画で示したり，作品を提示したりして，他児のよさを取り入れられるようにする。

○家庭学習の工夫

　・『つなぐ言葉』遊び（ゲームやプラモデル作り，朝食の目玉焼きの作り方などの手順書作り）

　・『こそあど言葉』見つけ（宝物の名前は言わず指示語を手がかりに探す宝さ

がし，教科書などに「こそあど」で色分けした付箋を貼る付箋貼り競争など）

(6) 評　価

　本時の評価は，接続語に着目して読むことを通して，形式段落4・5に書かれている内容を読み取ることができたかということにある。内容を読み取り，要点をまとめるということは，いくつもの過程を経た結果できることである。そこで，その過程を細分化し，どこまでならできているかを明らかにし，評価していく。

　また，これまでの経験から音読する段階で，学習意欲を失ってしまう子どもが少なくない。指導者自身が，本時のねらいをあくまでも「接続語に着目する」ことであることを確かめ，実態に応じて，事前に音読に関わる手立ては打っておくなどすることも大切だと考える。

　○一斉指導
　　・本時で学習する段落のページを開いているか。
　　　形式段落4・5の部分を指でなぞりながら音読しているか。
　　　⇒単元における本時の位置がわかっている。
　　・句点を手がかりに，何文かを数えているか。
　　　⇒段落は，いくつかの文から成り立っていることがわかっている。
　　・ペアの仲間の音読に合わせて，動作化することができているか。
　　　⇒形式段落4に書かれている内容を読み取ることができている。
　　　※ペアの仲間が動作化したものをまねている場合もある。机間指導の際に「このグーは何を表しているの？」などと尋ねることで，読み取りができるようにしていく。
　　・全体交流の場面で，発表することができたか。
　　　⇒内容を読み取ることができている。
　　　⇒学習に対する意欲が高まっている。
　　　※交流場面への参加意欲が先行し，前述のとおり仲間の発言をまねているだけの場合もある。教師が子どもの動作化や発言を繰り返し，発表

を通して学んだことを確かめる。
・学習の振り返りにおいて，②わかったこととして「『接続語に着目して』読むこと」が書けているか。
　⇒「接続語に着目して」読むという，報告の仕方のコツをつかんでいる。
　※実際に使えるかどうかは，単元終末で評価をする。本単元では，歩みの中で，繰り返し接続語や指示語を取り上げ，そのコツをどのように用いるか確かめるようにする。
・学習の振り返りにおいて，①本時でしたこと，③仲間から学んだことを書くことができたか。
　⇒「接続語に着目して」読むことに近づけている。
　※「接続語に着目して」読むことのよさが実感できていないのか，「接続語に着目」することができていないのかなど，つまずきを分析し，再度手立てを考える。
・ワークシートに形式段落4・5の要点をまとめることができているか。
　⇒内容を読み取り，要点をまとめることができている。
　※まとめきれずに全文書いている，異なる部分を書いている，まったく書くことができていない場合は，どこでつまずいたかを分析し，再度手立てを考える。

(小島)

使用教科書：『国語 三上 わかば』光村図書（平成25年版）

Point
・本実践の最大のポイントは「焦点化」である。「接続語に着目する」ことで，段落相互の関係に気づきやすくなる。また，同じく「接続語に着目する」ことで，まとめや発表が上達する。説明文の指導では，あれもこれもと多くのことを教えたくなってしまうところだが，これではつまずきのある子どもも混乱しやすい。焦点化することで学習すべき内容が明確になった。

(石塚・川上)

2章 子どものつまずきへの対応の実際

漢字の読み書きが苦手で，学習が遅れがちになる J児への支援

(小学校6年)

(1) つまずきの概要

○ 漢字の読み書きに対する抵抗感がある。
○ 音読みと訓読みの区別がつきにくく，読み間違いがある。
○ 質問に対しては多くの語彙を使えない。

学習内容：話すこと 聞くこと「リレースピーチをしよう」

内　　容：身近な生活から話題を掘り起こして原稿を構成し，リレースピーチを行う活動である。その際には適切に漢字を使ったり円滑に読んだりすることが求められる。この学習活動の主要なねらいは，他者を意識し，他者の思いや考えなどを確かめながら，自分の考えを述べる活動を行う。自己主張をするだけではなく，他者の考えを十分に把握し，コミュニケーションを図ったうえで，社会や自然への認識を深めようとすることであるが，漢字の読み書きなど，付随する事柄についても大切に取り扱う。

教 材 観：スピーチの内容として，自分たちを取り巻く社会的な出来事や家族や他者とのつながりについて考えるなどの題材を取り上げるので，話題を探すという話す前の活動が重要になる。

授業の具体例：第1・2の場面

第1の場面
○本時の目標　リレースピーチの内容や進め方について知る。
○本時の流れ
　①導　入：教科書を読み，リレースピーチの進め方を知る。
　②展　開：どのような話題を取り上げればよいのか，学級全体で材料を出

し合い，話題をグループで決める。

③まとめ：グループ内でスピーチの分担や順番を話し合って決める。

第2の場面

○本時の目標　話す内容を考え，リレースピーチに向けて原稿の構成を考える。

○本時の流れ

①導　　入：5年生までの経験からスピーチで気をつけることを考える。

②展　　開：グループで決めた分担に従って自分のスピーチの内容や組み立てを考える。

③まとめ：実際に話す練習を通して友達と校正し合う。

○第1・第2の場面に共通するJ児のつまずき

❶音読への抵抗

- 漢字を読むことが難しい。
- 句読点で文章を切ることが難しい。
- 行をとばして読んでしまうことが多い。
- 助詞，助動詞を読み違えてしまうことが多い。
  「～だが」を「～だけれど」
  「～だった。」を「～でした。」　など

❷作文への抵抗

- 漢字を正確に書くことが難しい。
- 漢字の「偏」と「つくり」のバランスをとるのが難しい。

❸語彙の理解

- 会話などで，平易な語彙の意味を理解しないで使っていることがある。
- 「生活」「順番」「関心」「交替」「質問」「意見」「要点」など本単元の授業の中で理解しておかなければならない言葉の理解が難しいことのほか，漢字そのものに対する抵抗感を低くしつつ，スピーチを円滑にできるようにすることが重要である。

(2) つまずきの要因に対する指導の工夫

❶音読（読むこと）への抵抗

- 読めない漢字に線を引き，振り仮名をつける。
- くっつき言葉「が・は・に・も・へ」に印をつける。
- 句点は二つ，読点は一つの間隔をあけるようにする。
- 文章の区切りにスラッシュ（ななめ線）を引き，区切りを明確にする。
- 一行一行読む場所がわかるように，板目紙に一行分の穴をあけて，他の情報を遮断するようにする。
- 文末や読み誤りが多い単語にマーカーを引く。

❷作文（書くこと全般）への抵抗

- 漢字の形を理解させるため，文字の間違い探しをさせる（学期ごとの50問漢字テストなどで，間違いの多い漢字を教師側が多く蓄積しておく）。
- クイズ感覚で漢字の足りないところを書き，漢字を完成させる。
- 漢字練習帳やドリルに，四つの部屋に分けるのではなく，偏やつくりの大きさに部屋を分けるように補助線を引く。
- 文章を書く際，行間に補助線を引き，中心を意識できるようにする。
- ５Ｗ１Ｈを意識できるようにしたり，「はじめに〜，つぎに〜，最後に〜」などの話形を掲示する。

❸語彙の理解

- 手元に辞書を置き，わからない言葉は辞書ですぐに調べ，調べた言葉には付箋やマーカーを引くようにする（電子辞書も活用する）。
- 辞書引きゲームなどを通じて言葉に親しみをもたせるようにする。
- 学年別配当漢字の一覧をいつでも見られるように準備しておく。
- 授業や話の中で言葉の意味を教師がていねいに説明するようにする。
- 定期的に，家庭学習で意味調べの課題を出す。

(4) 一斉指導における工夫

　単に，漢字が苦手だからといって同じ漢字を何度も繰り返し書くだけの指導では，学習意欲は下がる一方で，「やらされる」という気持ちが大きくなり，習熟に結びつかないことが多い。「やらされる」を「やる」に変えるため，様々な策を講じていく必要がある。さらに，支援が必要なＪ児のために特化するのではなく，クラス担任として授業のユニバーサルデザインの視点をもって指導に当たることが大切である。

〈読む場面〉

	学習活動	指導上の留意点 ○全体　※Ｊ児への支援 ☆視覚的な手がかり
導入	○学習のめあての確認 ○教科書を読み，リレースピーチの進め方を知る。 ・事前に各自が意味調べをしてきたものを確認する。※1 ・リレースピーチについて理解する。	☆意味を調べてきた言葉をあらかじめフラッシュカードのようにして，いつでも見られるよう掲示する。 ※意味調べは，本人に事前に読ませ，読めない漢字にはあらかじめ振り仮名を振っておくように指導する。 ○自由に話すのではなく，グループで話題をつないでいくことを確認する。
展開	○どのような話題を取り上げればよいのか，学級全体で材料を出し合う。 ・教科書の写真を言葉にする。※2 ・話題になりそうなものを書きだす。 ○グループごとに分かれて話題を決める。 ○グループ内でスピーチの分担や順番を話し合って決める。	○話題にあがるものを各自出し，短冊に簡潔に書き，読み仮名と，辞書で意味を確認する。 ※話題の内容が確実に理解できているか確認し，理解できていない場合は，イメージがわくよう具体例を挙げて指導する。
まとめ	○学習の振り返りを行う。	○グループごとに決まった話題を発表し合う。

※1　事前に各自が意味調べをしてきたものを確認する

○調べてきた言葉を書きだす

短冊などに漢字と読み仮名を書いておき，黒板に掲示するようにする。

（効果）　掲示した短冊をその単元期間中（漢字テスト時は除く）掲示することでいつでも見られるようになる。

○簡単な短文を発表する

辞書の例文も参考にしながら短文を発表する。

（効果）　言葉だけでの理解では限界があるため，より実践に近いような短文にすることでニュアンスなども伝わりやすくなり，理解が深まる。

※2 話題になるものを書きだす

○教科書の写真を言葉にする

写真から連想できることを発表し合う。

（効果）　話し合いで写真を言葉にすることで焦点化し，具体的なイメージがふくらむようにする。

〈書く場面〉

	学習活動	指導上の留意点 ○全体　※J児への支援 ☆視覚的な手がかり
導入	○学習のめあての確認	○前時を振り返り，本時に向けて意欲を高める。
展開	○5年生までの学習からスピーチで大事な点について再確認する。 ・表情や声の大きさに関すること ・内容に関すること ※3 ○グループで決めた分担に従って自分のスピーチの内容や組み立てを考える。 ・ワークシート ※4	○スピーチについて，これまでの経験から気をつけなければならない点を，できるだけ子どもが発表する。 ☆過去のスピーチの様子についてビデオを見せ，よいところを発表する。 ○事実や出来事だけではなく，自分の考えも入れるようにする。 ○辞書を準備させ，できるだけ漢字を使用するよう促す。 ※意欲を高めるため電子辞書を使用することも認める。
まとめ	○グループで練習する中でスピーチの組み立てについてグループで話し合わせ，漢字のチェックなど，校正を行う。	○2種類の付箋などを活用して，よいところや修正する箇所を視覚化する。 ※一度内容を読み返し，漢字，文章の順序などを確認する。

※3 スピーチの大事な点を確認する

　これまでのよいスピーチのビデオを見て，よい点を書きだす

（効果）　具体的な映像があることでイメージがもちやすくなり，書きだしやすくなる。

※4 ワークシート

○グループで決めた分担に従って自分のスピーチの内容や組み立てを考える

（効果）　スピーチの内容の構成分けをすることによって，文章の量を調整するなどして，書くことへの抵抗感を軽減する。

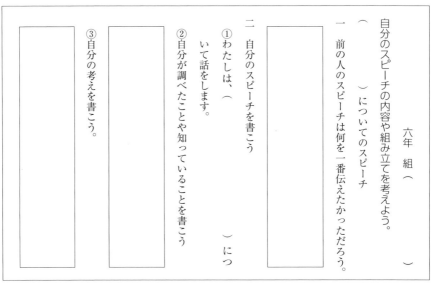

ワークシートの例

(5) 個別指導・家庭学習における工夫

　漢字学習については，家庭との連携が必須である。保護者との連携を図る前に，児童が困っていることを見つけ，保護者にていねいに，かつあまり問題視せずに伝えていくことが必要である。単に「○○ができません」と言うのであ

れば，それは保護者にとっては，ややもすると押しつけと感じられるかもしれないからである。あくまでも保護者と担任が共同して児童に学力を定着していくために同調していくことが必要である。

○個別指導の例
　①　漢字の読みについて
　・漢字と読みの合わせゲーム
　　（ⅰ）　特定の漢字を使った単語や熟語を用意する。
　　　　例：「投」⇒「投手」「投げる」「投球」「遠投」
　　　　　　　　　「とうしゅ」「なげる」「とうきゅう」「えんとう」
　　（ⅱ）　それぞれの言葉と振り仮名のカードを準備して漢字の読みを確認し，漢字カードと読み仮名カード合わせをする
　　　　これを行うことで，「投」という文字の意味が「投げる」ことに関係する文字，ということを理解できる。
　②　漢字の書きについて
　・構成理解のための漢字足し算ゲーム
　　　例：田＋力＝男
　　　　　木＋反＝板
　　　漢字を正確に書けない場合，漢字の形を構成する能力に弱さがある場合がある。特に低学年の段階で苦手意識のある児童に対しては，低学年の漢字で，このような足し算をしながら構成力を高めていくことが必要である。

○家庭学習としての取り組み
　　授業以外でも書く活動を増やすようにする。その文章を子どもたち同士が聞いたり読んだりして，文字に触れる機会を増やす。
　・友達との交流班日記
　　　班活動では，４人〜６人程度のグループ編制にしている場合が多い。そのグループで輪番制で日記を書くようにさせる。内容は自由，イラストな

ども自由にし，今回学習したことをもとに，前者の話を受けて自分の日々のことを書くようにし，子どもたち同士のコミュニケーション能力の向上にもつなげる。なお，この際ルールを決め，前者の漢字チェックや，読めない漢字などにはラインを

引かせるようにし，相互で確認をし合うようにする。ノートは100円ショップで販売されているB5判ノートで，各ページが3分割されているものを使用し，児童が負担感を感じない程度の量にする。

- 校長講話を聞いて

　全校朝会における講話でも，話す聞く活動に結びつけ，校長先生が一番伝えたいことは何かを考えたり，そこから自分の実践を考えたりなどの活動を取り入れる。ここでも，文字の誤字脱字についてはていねいに指導していく。

- 私の歴史

　日々の学校行事の作文を書くことは多く，それを年間を通じて，A4判用紙にまとめ，常設掲示す

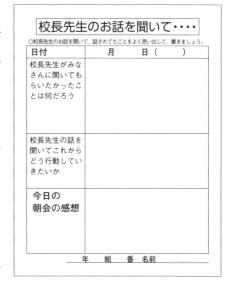

る。内容は，1)行事名，2)どんな場面(内容)のことか，3)そこで自分が考えたことや思ったことを書く。使える漢字は使うよう促す。また掲示したものを相互に読み合うことで表現などの参考にできるようにする。

- 漢字小テストの取り組み

　基本的には10問のテストと学期途中と学期末に50問の漢字テストを行うが，小テストについては，新出漢字に対して，問題以外の熟語にも取り組

めるようにする。例えば，小テストで「地域」の「域」が新出漢字であれば，テスト前に「域」に関する熟語を調べてくるように伝え，「地域」以外に「区域」といった言葉を書いて来た場合にはプラスとして加点するようにし，家庭で学習する習慣づけを行うとともに，意欲を高めていく。

このほかにも，家庭学習として考えられるのは，1)知らない言葉に線を引く，2)語彙調べ，3)全文視写，4)振り仮名をつける，といったことが考えられる。

(6) 評 価

漢字の読み書きが苦手というのは，国語科だけに限らず他教科の学習においても大きな影響が出ることである。高学年になると漢字に対する抵抗感や学習意欲の減退が見られることが多い。まずは，自信を回復させることが重要になってくる。

○読む活動の中での具体的な評価としては，
- 意欲的に音読を行おうとしていたか。
- 言葉の意味を理解することができたか。
- つまったりせず，スムーズに読むことができたか。
- リレースピーチの内容や，進め方について理解しているか。

○書く活動の中での具体的な評価としては，
- スピーチに向けて自分の考えを書こうと積極的に活動していたか。
- 伝わりやすいスピーチの観点を見つけることができたか。
- 漢字を正しく書き，適切な言葉を用いて表現することができたか。
- スピーチをつなげる中で的確に自分の考えを書くことができたか。

○一斉指導
- 意味調べの際，調べてきたことを発表することができたか。
- 話題を決める際に，意見を出すことができたか。
- お互いの文章を読み合い，友達との相互評価を行うことができたか。

○個別指導
- 様々な活動に,意欲的に参加することができたか。

○家庭学習
- 正しい漢字を書き,自分の考えを適切に表現することができたか。

(米澤)

使用教科書:『ひろがる言葉 小学国語 6上』教育出版(平成25年版)

参考文献
月森久江編(2007)『教室でできる特別支援教育のアイデア172 小学校編』図書文化社

Point
- 漢字の読み書きが苦手な子どもにスピーチで自信をつけさせたい,ということは難しいことであるが,「やらされる」感じではなく,「やる」という子どもの気持ちを最大限大切にした取り組みである。また,円滑なスピーチ等が主要なねらいではあるが,付随する課題についても強く意識し,総合的に指導が展開されている。

(石塚・川上)

事例 11 漢字の読み書きが苦手で，学習が遅れがちになるＫ児への支援
(小学校4年)

(1) つまずきの概要

○教科書を読むことや板書を写すことが苦手である。
○正しく漢字を書くことが難しい。
○知っている語彙が少なく，熟語の意味がわかりにくい。

教 材 名：漢字の組み立て（全3時間）
学習内容：①漢字はいくつかの部分によって組み立てられていること，部分に名前があり，意味をもつ部分があること（第1時）。
②漢字辞典の仕組みと「音訓引き」「総画引き」「部首引き」の三つの引き方があること（第2時，3時）。
教 材 観：児童はこれまでに，2年生と3年生で「へんとつくり」を学習し，漢字は小さい構成要素を組み合わせてできていること，意味をもつ構成要素があることを学習している。また，国語辞典の引き方については，3年生で「国語辞典のつかい方」で学習をしている。
ここでは，さらに，「かんむり」「あし」「にょう」「たれ」「かまえ」といった部分について学習し，その名称を理解することで，漢字学習に対する興味・関心を高め，漢字辞典を使うことによって，定着を図る。また，「折れ」や「曲がり」など画数を間違えて数えると，漢字辞典で調べるのによけいな時間がかかり，漢字辞典の活用の妨げとなる。書写や家庭学習などとも関連させて確実な定着を図りたい。

授業の具体例：（第3時）
　○本時の目標　漢字辞典の仕組みを知り，「音訓引き」「総画引き」「部首引き」の三つの引き方を身につけることができる。

○本時の流れ
　①導　入：本時のめあて「漢字辞典の使い方を知ろう」を確認する。
　　　　　　前時の学習で学んだ三つの引き方を復習する。
　②展　開：「写」「曲」「発」「起」「陽」「遊」の画数を数えて，総画引きで画数が正しいか調べる。
　　　　　　「一辺」「正方形」「お社」「通読」「努力家」「物事の本を正す」「一人の青年が清流でつりをしている」の傍線部の読み方，意味，使い方を調べる。
　③まとめ：学習の振り返り，学習を通して考えたことをまとめる。

○本単元で予測されるＫ児のつまずき
　❶音読のつまずき　「さくいん」など初めて出会う言葉の読み方や意味がわからない。振り仮名をつけていない漢字の読み方がわからず，内容の読み取りが進まない。
　❷語彙理解の困難　「音」「訓」「部首」「総画数」「さくいん」「てがかり」
　❸既習事項活用の困難　書き順がわからないため，どこから数えるのか，どこまでが一画と数えるのかわからない。
　❹学習方法の理解と引き方選択の困難　三つの引き方のうちどれが自分に合った方法か判断することが難しい。
　　　　　　書き順の原則の理解が弱く，獲得している漢字の読み方が少ないＫ児にとって，漢和辞典の三つのさくいんを用いて自主的に体験していく学習は，手がかりが少ない。

(2) Ｋ児の特性と支援の方針

❶検査結果について
- WISC-Ⅲの検査結果から，目で見てやり方を理解したり違いを見つけたりすることは得意であるが，言葉を使って理解し記憶したり表現したりすること，情報を記号化して素早く処理することは苦手であると考えられた。

- PVT-R—絵画語彙発達検査では語彙年齢が実年齢に達しておらず，WISC-Ⅲにおける言語理解の弱さを裏づけるものと考えられた。
- 小学生の読み書きスクリーニング検査では，カタカナの書き取り，漢字の音読と書き取りに遅れが見られた。
- 小学校4年で実施した平仮名聴書テストでは，促音や長音，拗促音の誤りが多く，特殊音節の表記が定着していないことが推察された。

❷ 学校生活や家庭での様子
- K児は絵が上手で，手先も器用である。学校では，集中が続かず，授業中にお絵かきや折り紙をしてしまうことが多い。一斉指示の内容が理解できず，個別の指示を待って作業が始まるので，学習が遅れがちである。板書のスピードもゆっくりである。整理整頓が苦手で，忘れ物も多い。
- 優しく穏やかな性格であるが，自分の気持ちや状況を言葉で伝えることが苦手で，嫌と言えずにストレスをため込んだり，甘えられる母親や通級指導教室の担任には，尊大なものの言い方をしたりする。
- 仲間とのコミュニケーションが必要なサッカーなどの運動には，苦手意識があり，自分から友達を誘うことができない。
- 家庭では，6歳下の弟と遊ぶことが多い。読書をすることは苦手で，漫画もあまり読まない。

❸ K児の特性と支援の方針
- 視覚認知が優れており，視覚的な支援が有効である。
- 目と手の協応は良好で，運動感覚を用いた学習が有効である。
- 文字や数字などの情報を記号化するのに必要な短期記憶力が弱いので，課題の量や質の調整，記憶の助けとなる手がかりが必要である。
- 記憶のための方略を身につけていないことから，K児に合った記憶方略を提示しK児が活用できるようにする。
- 経験と新しく知った言葉を結びつけ，概念を整理する力や，自分の課題を見つけたり，できばえを自分で評価したりする力が弱いため，使いやすい評価方法を身につけられるようにする。

(3) つまずきの要因

❶音読のつまずき

- 漢字の音と形を一致させることが苦手。
- 文章の区切りがわかりにくい。
- 音読がたどたどしい。
- 間違いや失敗に対する不安感が大きく,十分に理解してからでないと表現できないため,音読の回数が増えない。

❷語彙理解の困難

- 知っている語彙数が少ない。
- 学習した言葉を生活と結びつけて理解することが苦手である。
- 概念の共通点,相違点を整理することが苦手で,学習した言葉を既に獲得している言葉との関係を整理して捉えにくい。
- 聞き逃しが多く,授業や会話の中で新しい言葉を獲得する機会が失われがちである。

❸既習事項活用の困難

- 一度に記憶できる量が少ない。
- 記憶に長くとどめるための方略を身につけていない。
- 漢字の書き順の原則が身についていない。
- 漢字構成部分から読み方や意味がわかることの理解が難しい。
- 整理整頓が苦手で,参考となる資料を探すのに時間がかかる。

❹学習方法の理解と選択における困難

- 言語による指示は,聞き逃すことが多い。
- 要点をつかむのが苦手で,手順が複雑だと内容を捉えられない。
- 困っていることや考えの根拠について説明できない。
- 学習状況を自分で判断し,効率のよい方法に変更することができない。

(4) つまずきに対する指導の工夫

❶ 音読のつまずき

- 自力で読めない漢字を選び,事前に鉛筆で振り仮名を振る。読めるようになった漢字については,振り仮名を消していく。
- キーワードとなる言葉,よく知っている言葉を丸で囲み,続けて読む部分を意識できるようにする。
- 「を」「が」「は」「も」などの助詞の後にスラッシュを入れる。
- 接続詞を四角で囲み,つながりを強調する。
- 内容を読み取らせたいときには,黙読・音読と選べるようにする。
- 皆の前で音読するときは,音読したい範囲を選べるようにする。

❷ 語彙理解の困難

- 確実に獲得したい言葉は,板書する。
- 言葉の意味と生活体験をつなげるために,例文を発表し合う。
- 気持ちや様子を表す表現を掲示し,体験活動の振り返りで,使ったことのない言葉を活用して,表現する。
- 辞書を活用して新しい言葉を調べ,新聞やチラシ,読んでいる本などで調べた言葉を見つけて,クラスに知らせる。

❸ 既習事項活用の困難

- 一斉授業では,部分分け,書き順,読み方,使い方について時間をかけて教える。覚えるための練習は,それぞれのペースで行えるように,授業で行うか,休み時間や宿題で取り組むかを選ぶことができるようにする。
- 形や意味が似ている漢字を発表し,既習事項との関わりに気づけるようにする。
- 漢字学習のコーナーを作り,既習事項が確認できるようにする。

❹ 学習方法の理解と選択における困難

- 漢字の学習方法の手順を練習ノートに貼り,必要に応じて参考にできるようにする。

- 成り立ちや使い方を調べたり，覚え方，漢字テストを考えたりすることを自主勉強で行い，学習コーナーや学級通信で知らせる。
- クラスで順番を決め，成り立ちや覚え方について発表する。

(5) 一斉指導における工夫

　K児に対しては，その強みを生かして学習指導を行うことが有効な支援となる。また，K児に個別的に支援を行う場面を事前に想定することが支援の確実な実施につながる。

	学習活動	指導上の留意点 ○全体　※K児への支援 ☆理解を促すための手がかり
導入	○学習のめあての確認 ○前時の復習 ※1 ○学習範囲の音読	○めあてを板書する。 ☆三つの引き方を子どもの言葉を使って簡単にまとめる。 ※事前にルビなど，必要な手がかりを記入しておく。
展開	○「写」「曲」「発」「起」「陽」「遊」の画数を数え，総画引きで画数が正しいか調べる。 ・画数の数え間違いの多い，「曲がり」「折れ」「たてはね」と，ひと続きに見えて二画に数える「子」や「しんにょう」について，数え方を確認する。※2 ・「総画引き」の始まりのページを全員で確認する。 ○「一辺」「正方形」「お社」「通読」「努力家」「物事の本を正す」「一人の青年が清流でつりをしている」の傍線部の読み方，意味，使い方を調べる。 ・「曲がり」「折れ」「たてはね」がどこにあるか確認する。 ・自分に合った引き方を考える。 ※3	☆七つの漢字の一画目を確認し，赤いチョークでなぞる。一画として数える部分を黄色いチョークでなぞる。 ○全員に同じ漢字辞典を配布する。 ○「読み方がわかる」「部首がわかる」「画数しかわからない」の三つの引き方のうちどれが自分に合った引き方か，挙手などで確認してから行うようにする。 ※全体で確かめる前に，K児が三つのどれに当てはまるか指導する。 ☆班の中で，「引き方」が同じ人を見つけて教え合えるようにする。
まとめ	○学習を振り返り，学習を通して考えたことをまとめる。 ・漢字辞典の三つの引き方とその特徴をワークシートにまとめる。	☆必ず使うキーワードを確認する。「漢字辞典」「音訓さくいん」「部首さくいん」「総画さくいん」 ○友達の発表を聞き，参考にする。

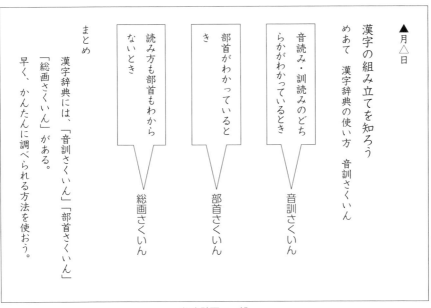

板書計画の一部

※1 前時の復習

○子どもなりのまとめ方を聞く

　前時の学習をどこまでどのように理解しているか，意図的に指名して確認する。

（効果）　理解度を確かめ，K児がよく理解していれば，意図的な指名により発言を促し，学習意欲を高めることができる。また，他の児童のまとめ方を聞くことで既習事項を活用しやすいように言い換える方法を学ぶことになる。

※2 間違いやすい画を確認する

○数え間違いしやすい画を漢字の中から抽出する

　色を変えたチョークで「折れ」「曲がり」「たてはね」を強調し，形の特徴から命名されていることを伝え，数え間違いしやすい画を見つけられるようにする。子どもの使うワークシートも板書と同じように白く抜かれた漢字をなぞれるように工夫する。

（効果）　書き順の原則の一つを知り，書き順を整理する機会となる。また，白く抜かれた漢字が書かれたワークシートは形の認識や目と手の協応が弱い児童にとって書きやすい。

※3　自分に合った引き方を考える

○「辺」をどの引き方で調べるか考えさせる

　　算数などで目にして，「へん」という読み方がわかっている児童，部首が「しんにょう」とわかっている児童，読み方や部首の手がかりがない児童とに分かれる文字なので，どの方法でも調べられるのか確かめる。

（効果）　・目的意識をもつことで集中を持続できる。
　　　　　・学習状況を振り返る視点の育成に役立つ。

○「本」を調べるときに総画さくいんを用いるか考えさせる

　　「本」は，「ほん」と読むことがわかっているので，書き順を確かめるよりも音訓さくいんを使う方が時間がかからないことを確かめる。また，部首さくいんを使って調べた児童を取り上げ，部首さくいんの便利さを共有する。

（効果）　状況に応じて，引き方が変わることや三つの引き方のどれで調べられることを体験し，理解する。

○自分に合った引き方を用いるよさを考えさせる

　　なぜその方法を使ったのか発表させ，手間が省ける，時間がかからない，間違いが少ないなどの自分に合った引き方を用いるよさを表現させる。

（効果）　学習状況を見直す経験や，どの学習方法がよいのかを考えるうえでの判断規準を学ぶ機会となる。

(6) 個別指導・家庭学習における工夫

○学習の成果がなかなか積み上がらないK児については，学年の学習目標やそれに応じた単純な評価だけでは，その成長の跡を正確に見取れないことがある。特に，K児は漢字が正しく書けない状況にあることから，どの程度の表記までを正解とするのか，評価規準や場面・方法についてK児や保護者，専科教員などの他の教職員と共有することが必要である。

○通級指導教室やリソースルームなどでの個別学習では，K児の特性に応じた指導を実施し，在籍学級担任や保護者にはK児が理解しやすい学習方法を伝え，K児が自分に合った学習方法を身につけ，必要に応じて自分で活用できるよう支援していくことが必要である。

○個別指導の例

①強みを生かした学習

　K児は，視覚認知がよく，目と手の協応がよい子どもである。体を大きく使って漢字を書いたことや形を確かめながら読み方を学ぶことが，漢字の形と音，意味をつなげるうえで有効である。

（i）多感覚を活用した漢字学習

1）プロジェクターを使って投影された大きな漢字を見て，部分分けをする。

2）白抜きされた漢字が一画ずつ埋められる様子を見て，体を大きく動かし，筆順を覚える。

3）白抜きされた漢字を筆順通りに書く。

4）読み方と使い方を知る。

5）「偏」や「つくり」など，部分と部分の大きさや位置関係を自分の体を使って確かめる。投影された大きさと同じ大きさの枠を黒板につくり，一部を教師が書いて，一部を子どもがチョークで書く。

6）投影された大きさと同じ大きさの枠を黒板につくり，全部を子どもが書く。

7）細長くちぎった小麦粉粘土を使って，正しい筆順で漢字を作り，作品と子どもを写真に撮る。その後，子どもが読み方を言いながら作品を指でつぶす。

8）砂やサンドペーパーの上で筆順通りに漢字を書く。

9）成り立ちや覚え方の書いてある辞典や本などの資料を読む。

10）大きな枠から，小さな枠（1cmマス）を書いたワークシートに正しい筆順で書き，音読みと訓読みがわかる熟語や言葉を書く。

②獲得していない力の育成
　(i)　記憶方略の獲得

　　　　K児は記憶の量が少なく，また，自分に合った記憶方略を見つけていないと考えられる。しかし，視覚認知に優れ，内容に合ったイメージを描くことも得意である。そこで，言葉を用いた情報の記憶において，イメージ（絵や図）を活用する方法が有効である。また，課題を実施し，どのような方法で記憶したのか意識したり，有効性について振り返る活動が必要である。

　　1）三つの構成要素でできた話を聞いて，話に合う絵を選ぶ。
　　2）3×3のマスの中に置かれた絵カードを記憶し，再現する。

　(ii)　漢字学習方法の選択と活用

　　　学習した時間に見合った成果が得られるように，どの方法による学習効果が高いかK児が確かめ，活用する。

　　1）一部を隠して，一部を書く。
　　2）小麦粉粘土で漢字を作る。
　　3）覚えやすい言葉（漢字九九）を唱えながら，書く。
　　4）漢字にイラストを添える。

　(iii)　学習意欲がもてるテストの内容やヒントの量をK児が選択する。

　　1）読み方（50点），書き方（100点）でテストを選ぶ。
　　2）ヒントの量を選ぶ。ヒントなし（100点満点），漢字の一部をヒントとして先生が書く（80点満点），先生に正解を欄外に書いてもらい，選択して書く（50点満点）など，ヒントの出し方が選べるようにし，よい点が取れるように工夫する。

　(iv)　自己評価力，自己教育力の育成

　　　K児は，自分の課題やその遂行状況を的確に判断することが難しい。そこで，何がわかっていることで何がわかっていないのか整理する経験が必要である。

　　・既習事項を生かして，部分分けを行い，新出漢字の意味や読み方を予

測する。
　例：「孫」は「子ども」という字と「糸」という字が入っているから，
　　　命のつながりを表す漢字かな。
- 漢字博士など目標や学習状況を確かめる指標を与える。
　例：漢字博士

級	内　　　容
1級	漢字を知っている部分に分けられる。
2級	漢字の意味を形から考えられる。
3級	お手本を見ながら，形よく正しく書ける。
4級	お手本を見ずに，書き順通りに正しく書ける。
5級	お手本を見ずに，書き順通りに正しく形よく書ける。
6級	読み方や使い方を覚えられる。
7級	漢和辞典を使って漢字を調べることができる。
8級	形，読み方，使い方を覚えるための工夫をすることができる。
9級	形，読み方，使い方を覚えられる。
10級	読み方のテストで100点が取れる。
達人	書き方のテストで100点が取れる。
名人	習った漢字を使ってノートが書ける。
博士	漢字の書き順，部首，読み方や使い方，成り立ちを説明することができる。

○家庭学習の工夫

　家庭での学習は，家庭で確実にできることを提案することが肝心である。そのため，短時間で楽しくできること，子どもの頑張りや伸びを保護者が認め，励ますことができることを考え，提案する。

①記憶の弱さに対応した方法
- 書き順リレー……正しい書き順で漢字を練習し，一画ずつ親子で書いて漢字を完成させる。
- 虫食い字……マスの中に，保護者が漢字の一部だけを書いて，児童が残りを書く。

②運動感覚を生かした方法
- 漢字を感じて……目をつぶった相手の背中や手のひらに漢字を書き，読み方を言ってもらう。

(7) 評　価

　本時の評価のポイントは，自分の状況に合った引き方を選択し，活用できることである。そのためには，それぞれの引き方の特徴を自分なりの言葉で表現できることや，さくいんが画数や50音順に並んでいることに気づくことが必要である。

○指導を工夫する中での具体的な評価には，
- さくいんの意味を自分の言葉で言い換えることができる。
- 読み方がわかる，部首がわかるなど，自分の状況を判断することができる。
- 三つのさくいんの書かれた最初のページを開くことができる。
- さくいんの並び順を話すことができる。

などが挙げられる。漢字学習の苦手さのあるＫ児にとって，この単元は漢和辞典を学習の道具として活用するための大切な機会である。一斉指導における机間指導や，通級指導教室による個別支援を関連づけて有効に行い，漢和辞典の仕組みを確実に捉えさせたい。

（樋口）

使用教科書：『国語　四上　かがやき』光村図書（平成25年版）

Point

- 対象児のつまずきを理解するために，いくつかのアセスメントを用い，認知特性を把握するところからスタートしている。得意な学習方略を見きわめたうえで，意欲的に漢字学習に取り組めるよう，様々な学習方法を用意するなど，工夫に満ちあふれている。高学年になると，努力してもうまくいかない経験が積み重ねられ，最初からやろうとしない子どもが多くなってくる。「この方法なら頑張れそうだ」という気持ちにさせること自体が難しい年代である。その中で，教師があきらめずに支え続けてくれている。努力が実った実践だといえる。

（石塚・川上）

―― コラム ――

学習評価のブラッシュアップ

　教師は日々の授業において，学習のねらいが「おおむね達成」されたかどうかを評価規準に照らしながら判断し次の指導に生かす。よって，子どもたちの「おおむね達成」した姿を具体的にイメージしておくことがきわめて重要となる。なかでも，ダイナミックに展開する授業において，子どもの発言や身体表現が，学習のねらいに照らして理解の過程のどこに位置しているのかを的確に把握し，次の段階に進められるよう効果的に手立てを講じる力が求められる。

　例えば，「ごんぎつね」において，「人物の行動や気持ちの変化を捉える」をねらいとした場合，まずは，「ごん」が「ひとりぼっち」で「いたずらばかり」することへの着目が，「兵十」への償いという物語のプロット理解につながる重要な視点となる。基本的な配慮として，まずは読むことが難しい子がいる場合には，音読を豊富に取り入れ，多くの情報があると集中できない子が多い場合には，最小限の段落に絞ってねらいの達成をめざすことになろう。そのうえで，「ひとりぼっち」だから「いたずら」する「ごん」の行動について，特に「ひとりぼっち」⇒「いたずら」の論理の理解が難しい場合は，日常のいたずらの経験を話し合ったり，役割を決めて動作化したりするなどの手立てが効果的と思われる。

　その際，ねらいが達成されたかどうかの判断には，ノートやワークシートに書かれた文章のみの評価ではなく，むしろ授業中の子どもの「ごん」の気持ちに関する発言や「いたずら」する動作表現の様子などから，思考の状態を見取ることが必要である。さらには，それらの思考の状態を他の子どもと共有しながら，「ごん」の「いたずら」の論理の理解を深めていきたい。

　そのために，単元終了時に，学習のねらいが「おおむね達成」するように，一人ひとりの子どもの思考をイメージしながら，1単位時間ごとの段階的なねらいが，子どもの思考過程に適合しているかどうかを常に検証し，評価をブラッシュアップしていきたいものである。

　　　　　　　　　　　　　　　　　　　　　　　　　　　　　　　　　　（増田）

文章構成の捉え方につまずきがあり，意味が理解しづらいL児への支援 (小学校6年)

(1) つまずきの概要

○説明文の全体構造がつかみにくい。
○筆者の主張を正確に捉えにくい。
○説明文がもつ「わかりやすさ」の要因を見つけることが難しい。

学習内容：説明文「さるは『ココ』と鳴いていた」(全10時間)
内　　容：鳥や動物の鳴き声を表す言葉はおおむね決まっている。しかし，これらの言葉は，時代によって異なっていた。例えば，猿の鳴き声は奈良時代が「ココ」，室町時代は「キャッキャッ」というように明確に異なる。原因は猿と人との関係の変化にあるようだ。また，ふくろうの鳴き声を人間の言葉で意味づける場合があるが，これには地域による違いが見られた。鳴き声を表す言葉には時代や地域の文化が映し出されているといえる。
教 材 観：「はじめ」と「おわり」に結論を置くという典型的な双括型の文章構成をもっている。具体例も「さる」と「ふくろう」の二種類を用いて，前者は「時代性」，後者は「地域性」の説明に当てている。よく整理された本文を解読することで，説明文の美しさを実感することができるだろう。言葉と文化の関係性への理解が深まる国語的な話題も学びが多い。
授業の具体例：単元開き（第1時）
　○本時の目標　内容に関心をもつとともに，全体構造を把握する
　○本時の流れ
　　導　入：いくつかの動物の鳴き声を言葉に置き換える体験を通して，内容

への関心をもつ。
展　開：「はじめ」と「おわり」のセンテンスカードを読み，前と後に配置する。「なか」に当たる部分にはどのような具体例が必要かを予想してから，本文を読む。
まとめ：予想と実際との関係を「ふりかえり作文」として記す。

○L児のつまずき

❶文章構成のセオリーに関する知識不足

- 説明文における三つの型（頭括型，尾括型，双括型）を知らない。
- 抽象度の高いところに筆者の主張が記されることを知らない。

❷俯瞰しやすい環境の不足

- 一文ずつは理解できているが，全体像を見ようとしていない。
- ページをまたいだ記述が全体像の把握の障害になっている。

❸説明文の学習に対する目的意識のずれ

- 説明文学習の目的を意味理解のレベルにとどめている。

(2) つまずきの要因に対する指導の工夫

❶文章構成のパターンを整理する

　そもそも説明文がどう書かれているのかのセオリーを知らなければ想定が働かず，全体構造を把握することは困難である。支援の必要な児童に関しては，これまで学んできたいくつかの型を忘れている場合や体系的に把握していない可能性が高い。場合によっては体系的に学んだ経験自体がないという事態もあり得る。文章構成の学習において，まずは基本的な文章展開の型を十分に理解することが最大のポイントになる。

❷三つの型とその特徴

頭括型	結論が冒頭に述べられる。まとめはない。新聞記事（コラムを除く）や取扱い説明書などに用いられる。徐々に詳しくなる。	
尾括型	結論が末尾に述べられる。中程度の長さの説明文に用いられる。謎解き型のわくわく感が演出できる。	
双括型	結論が冒頭と末尾の二度に分かれて示される。長い文章の場合，先に結論の方向性を知ることで，見当をつけながら読み進められる。（本教材はこの双括型）	

❸「具体と抽象」の概念を理解する

具体と抽象の関係を教えるには，１年時および２年時の「言葉集め」単元の段階から意識しておくとよい。

例えば，「乗り物」に関する言葉を集めると「電車，車，自転車，船，飛行機」などが見つかる。これを言葉集めにとどめず，次のような文を声に出すトレーニングを繰り返し行う。

「乗り物」<u>たとえば</u>「電車，車，自転車，船，飛行機」

「電車，車，自転車，船，飛行機」<u>つまり</u>「乗り物」

「たとえば」や「つまり」などの接続詞を用いて具体と抽象を行き来する練習を積むことで，説明文における具体と抽象，つまり「具体例」と「まとめ」の関係を体験的に身につけていくことができる。

❹筆者の主張は抽象度の高い部分に記されるという典型を知る

筆者の主張は「はじめ」や「おわり」といった抽象度の高い場所に存在する。この知識がないと，筆者の主張を探す際に迷走してしまう。複数の事例を用いて子どもの納得度を高めたい。主張を探す際には，およその場所を予想して探すことが重要である。

❺俯瞰しやすい環境を整える

・センテンスカードを用いた視覚的な構造把握

「はじめ」と「おわり」のセンテンスカードを操作する作業を通して，説明文がブロックの集合体であることを実感する。文章が文字の羅列に見

えている間は読めていない。ブロックの組み合わせを視覚的に意識するような活動は低学年のうちから積み重ねたい。

❻「なか」の具体例を予想する

「はじめ」と「おわり」のセンテンスカードだけを読んで、どのような具体例があればうれしいかをクラスの仲間と予想する。このことで、「なか」を読むことへの期待感や切実感が生まれる。予想と比較しながら読むという行為は、「わくわく感」を生み出す。予想活動は、モチベーションの向上と読解に必要な視点を獲得するという効果をもたらす。

❼巻物テキストを作成する

支援の必要な児童においては、文章がページをまたいだり、段組み表記されたりすることで、文の全体像が見えにくくなる傾向がある。そうした事態に対応するために、本文を巻物のようにつなぎ合わせ、一枚ものにしてしまう方法が挙げられる。横一列に並んだ本文ならば、「はじめ」「なか」「おわり」をはじめ、具体例の並び方やそれ

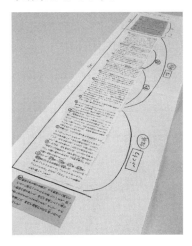

ぞれの意味段落の配置などが一目瞭然となる。視覚的に線を入れたり色をつけたりすることで、より一層「見える化」が図られる。

❽細かいことにこだわりすぎない姿勢をもつ

「この一行は前の意味段落に属するのか、後ろに属するのか」という議論を延々と行う場面に出会うことがある。一概には言えないが、往々にしてどちらでもよいことが多い。そもそも文章とは連続的に読めるように記されている。つなぎの働きをするために前後どちらとも関連している文があってもおかしくはない。分類を詳細に行うことよりも、大きな組み合わせや大きな流れを把握することの方がよほど重要だ。大切なことは、ブロックの組み合わせに見立てて読もうとする姿勢である。

❾ 文章構成図を活用する

文章構成を図示することで段落間の関係が明確になり，文の展開をよりよく理解できる。大きく分けて「段落番号型」と「小見出し型」の二通りが挙げられる。

段落番号型にはそぎ落とされた美学がある。図そのものとしての視覚的な力がある。ただし，すべての形式段落が配置される必要があるので，位置づけにくい段落の扱いに窮することがある。

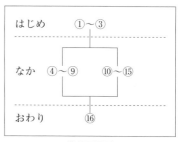

段落番号型

小見出し型

小見出し型の場合は，それぞれの段落もしくは意味段落に簡単な小見出しをつけて配置する。より本文の配置に近いことが最大のメリットだろう。段落番号型よりもシンプルさでは劣るが，抽象と具体の関係を配置の高低で示すことができるのもよい。適当な小見出しをつけるトレーニングにもなる。

❿ 説明文の学習に対する目的意識を改める

- 説明文学習の目的はわかりやすさの理由を見つけだすこと

説明文学習の場合，教え方によっては単元のかなり早い段階で全体構造をシンプルに捉えることは可能だ。そして，筆者の主張も同時に押さえることができる。それでは，授業がすぐに終わってしまうのだろうか。決してそうではない。

説明文の授業で本当に大切な学習は，内容理解の先にある。「なぜわかりやすいのかを解明すること」だ。そもそも説明文が複雑であったり難解

であったりするはずがないという前提に立つことが大切だ。説明文とは，自己の視点・自己の主張を読者に納得してもらうために説得を試みる文である。読者にとってわかりにくい文は致命傷を負う。実際，各社の教科書が採用している説明文は一様にシンプルである。

　授業で扱うべき内容は，文章理解よりもむしろ「わかりやすさ」をねらった筆者の工夫にある。その工夫を見つけだす授業を積み重なることで，子どもたちは「説明文の読み方」を体得していく。支援の有無の前に，私たちは授業のめざす方向性を明確に示す必要がある。

(3) 一斉授業における工夫

	学習活動	指導上の留意点 ○全体　※L児への支援　☆視覚的な手がかり
導入	○文章への興味関心を高める。 ・動物の鳴き声（鶏，カラス，犬，象）を言葉に変換する。※1	○鳴き声と言葉の対応関係が強い例を用いて，内容への関心をひく。十分にモチベーションが高まった時点で，「鳴き声と言葉の関係について書かれた文」を読もうと提案する。
展開	○「はじめ」と「おわり」から「なか」の内容を想像する。 ・「はじめ」と「おわり」の二枚のセンテンスカードを音読する。 ・センテンスカードを前後に配置し，なぜそう配置するのかを話し合う。双括型であることを確認する。※2 ・めあてを確認する。 ・「なか」の部分にはどのような具体例が記されればよいかを予想する。 「きっといくつかの動物が出てくるよ」 「一つの動物で時代によって違う例が必要だね」 「地域による違いも書いてあってほしいな」 ・新たに配布された「なか」のセンテンスカードを音読し，予想と比較する。	☆センテンスカードは「なか」との区別をつけるために色用紙を用いる。 ☆台紙は巻物テキストとして用いるための横長型を用意する。 ○二枚のセンテンスカードをワークシート（台紙）の両端に配置し，貼りつける。 ○キーワード「時代」「地域」を確認する。 ○ペアトークによる相談を促す。 ○できるだけ多くの予想を児童の名前入りで板書する。 ※L児の名前が入るように配慮する。 ○二つの動物と二つのキーワードの対応を確認する。「さる－時代」「ふくろう－地域」 ☆巻物テキストの台紙に「なか」のセンテンスカードを貼る。

まとめ	○振り返り ・予想と実際を比較し，初めて本文と出会った感想を「ふりかえり作文」としてノートにまとめる。 ・振り返りの途中で，他者の記述を見て回る。	○「ふりかえり作文」に必要なキーワードを設定する。「双括型」「なか」 ○振り返りの途中で机間を歩かせる。 ○他者のよいところを参考にしてもよいことを告げる。 ※3 ※キーワードを増やす。「双括型」「時代」「地域」という語群を提示する。

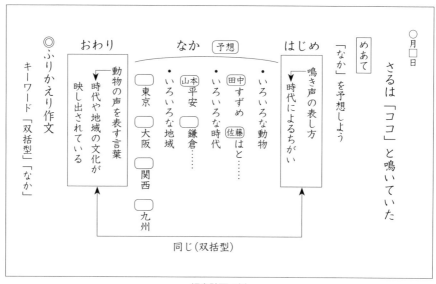

板書計画の例

※1 単元の展開に関する考え方

○文章構成についての学習は国語科が最も重要視する論理についての学習そのものだが，単元の導入ではあえて，本教材が取り扱う話題への興味関心を高めることを重視している。単元の学習の流れとしては「話題への関心→論理への関心→話題への関心」という形が理想的だ。話題への関心だけで終わる授業はもはや国語ではないが，論理を読み解く段階で終わってしまう授業も国語嫌いを生む。論理を知ることでよりおもしろく読める。こうした学習を積み重ねることによって，論理を見抜きたい，文章構成を知りたいという欲

求をもつ児童を育てたい。

※2 譲歩構文について

○文章構成を明確に意識させるために、意図的に「なか」を抜いた形でスタートした。「はじめ」のブロックと「おわり」のブロックのみを眺めるだけで、およその内容がつかめるはずだ。

「はじめ」と「おわり」の識別も容易にできるだろう。本文では「はじめ」の冒頭で明確な話題提示がなされている。「みなさんは、ずっと昔から同じだと思っていませんか。ところが、そうではありません。」という具合に「A but B」の構文を用いて主張を始めている。これは典型的な譲歩構文であり、双括型によく見られる手法だ。できれば、5年生の半ばで扱っておきたい構文である。

```
①たしかにX    X＝一般論
②しかしY     Y＝筆者の主張
③だからZ     Z＝さらなる主張（ない場合もある）
```

※3 ギャラリーウォーク

○振り返りの段階で、うまく書けない児童を支える一斉指導の仕組みを二通り用意する。

一つは「モデルの例示」だ。机間指導しながら、ある程度正確に書けている児童を指名し、途中まででもよいので発表させる。そうすることで、支援の必要なL児以外にも少し困っていた児童が方向性を手に入れることになる。

もう一つは、公に教室を歩き「他者のノートを見る活動（ギャラリーウォーク）」である。他者の記述を参考にすることで、自己の記述がよりよく改善される。他者を参考にして書き換えてもよいというルールを設け、自分の記述が広まることを光栄に感じる風土を育てることが大切だ。実行するタイミングも重要だ。ポイントは児童の活動が「途中段階」であること。未完成

ゆえに書き直したいと思える絶妙なタイミングをねらって指示を出すことが鍵となる。

　この活動を取り入れることで，気になるＬ児だけではなく，多くの児童が自己の振り返りを省みて，よりよいまとめを記すことができるだろう。それでも，書きづらさを覚えるＬ児には，必要なキーワードを増やし，どう組み合わせるかに焦点を当てられるよう配慮してもよい。

(4) 個別指導・家庭学習における工夫

〇既習の文の型を確認する

　既習の教科書から順に説明文を取り出し，1)頭括型　2)尾括型　3)双括型に分けてみる活動は，初めての文に向かうよりもストレスが小さい。文章構成図にしていく作業も並行して行えば理解は飛躍的に深まる。

〇センテンスカードを並べ替える

　様々な説明文を小見出し型の文章構成図にしたものを用意する。三つ（「はじめ」「なか」「おわり」）にバラしたものを組み合わせる取り組みを行う。ハードルの低さに反して効果は高い。

〇保護者が読む本文（「なか」の文）に対して，動作化を行う

　「さる」の話は右手を挙げて聞き，「ふくろう」の話に移ると左手に変える。二回目は「時代」から「地域」の境目を動作化する（結果は同じはずだが…）。ゲーム性のある方法を工夫し，文章に出会うことが大切である。

(5) 評　価

〇一分間解説

　本文読解が済んだ段階で，ペアトークをする。そこでは，お互いにこの説明文に何が書かれていたかを一分間で説明する。その後，他者紹介を用いて上手に説明した児童が皆の前で発表する形式を用いる。Ｌ児が説明す

る際は時間にこだわりすぎず，展開とキーワードが整っているかを確認する。

○文章構成図

　小見出し型の文章構成図が描けているかどうかに注目する。細かい段落番号の配置よりも，大きな展開が押さえられているかどうかに重点を置きたい。

○要約文

　要約文が文章構成に対応しているかどうかは重要な視点だ。要約の方法については他事例に任せるが，要約に必要な要素は「はじめ」と「おわり」に集中している。段落すべての要素を入れる必要はない。文章構成図同様に大きな流れが反映されていれば成功だ。文章構成図が描けているならば，そのノートを参考にしながら書き進めるとよいだろう。

○ふりかえり作文

　作文の文章力よりも，文をどう捉えているのかに注目したい。少しでもブロックの組み合わせを意識している場面や，接続の方法について述べている場面があれば高く評価する。

(野村)

使用教科書：『ひろがる言葉　小学国語　6上』教育出版（平成25年版）

Point

- 国語という教科の本質に迫りながら，支援が必要な子どものつまずきに対応しようとした質の高い実践である。この実践の特徴は，L児だけに特化した支援でなく，論理が見える授業をすることを全体的に重視していることである。このような取り組みを日々続けられるよう，授業研究等を進めたい。発達障害等のある子どもを含む授業において，やはり基本として重視しなければならないことは，高いレベルの授業の実現であることを再認識したい。

(石塚・川上)

編者・執筆者一覧

【編　者】

石塚　謙二　　大阪府豊能町教育委員会
名越　斉子　　埼玉大学
川上　康則　　東京都立特別支援学校
冢田　三枝子　神奈川県横浜市立小学校

【執筆者】（執筆順）

石塚　謙二　　上掲
川上　康則　　上掲
名越　斉子　　上掲
冢田　三枝子　上掲
小川　ちあき　京都府南丹市立小学校
仁科　由美　　神奈川県横浜市立小学校
増田　ゆか　　大阪府教育センター
東　しのぶ　　大阪府豊能町立小学校
菊池　圭子　　神奈川県横浜市立中学校
熊谷　正美　　神奈川県横浜市立中学校
夏目　徹也　　静岡県焼津市立小学校
清岡　憲二　　岡山県玉野市教育委員会
谷　あゆみ　　岡山県玉野市立小学校
小島　明子　　岐阜県岐阜市立小学校
米澤　基宏　　埼玉県川口市立小学校
樋口　普美子　埼玉県和光市教育委員会
野村　真一　　関西学院初等部

発達障害のある子どもの国語の指導
──どの子もわかる授業づくりと「つまずき」への配慮──

2015年12月17日　初版第1刷発行

編著者　石塚　謙二
　　　　名越　斉子
　　　　川上　康則
　　　　冢田　三枝子

発行者　小林　一光
発行所　教育出版株式会社
　　　　〒101-0051　東京都千代田区神田神保町2-10
　　　　電話 03-3238-2965　振替 00190-1-107340

©K. Ishizuka／2015
Printed in Japan
落丁・乱丁はお取替いたします。

組版　ビーアンドエー
印刷　モリモト印刷
製本　上島製本

ISBN978-4-316-80381-4　C3037